RECONCILED THROUGH CHRIST

On Reconciliation and Greater Collaboration Between Hispanic American Catholics and African American Catholics

He is the head of the body, the church.
He is the beginning, the firstborn from the dead,
    that in all things he himself might be preeminent.
For in him all the fullness was pleased to dwell,
    and through him to reconcile all things for him,
    making peace by the blood of his cross
    [through him], whether those on earth or those in heaven.
            (Col 1:18-20)

UNITED STATES CATHOLIC CONFERENCE • WASHINGTON, D.C.

Los comités del NCCB para Católicos Afroamericanos y para Asuntos Hispanos dialogaron durante varios años sobre la relación positiva y las tensiones que, con frecuencia, existen entre ambas comunidades. En su dialogar, los comités discutieron las raíces culturales que comparten, sus historias comunes, sus líderes, héroes y heroínas, sus desafíos y sueños y la necesidad de trabajar por el bien común dentro de la Iglesia y la sociedad. Los comités trabajaron en la elaboración de *Reconciliados por Cristo* para lograr que la Iglesia sea más consciente y muestre más sensibilidad a la necesidad de colaboración y reconciliación. El documento que fue preparado por ambos comités, está dirigido especialmente a los líderes pastorales que trabajan con católicos afroamericanos y con católicos hispanos, ya que juntos enfrentan muchos desafíos similares. En septiembre de 1996, el Comité Administrativo de la Conferencia Nacional de Obispos Católicos aprobó la publicación bilingüe de *Reconciliados por Cristo*, y su publicación fue autorizada por el que suscribe.

Monseñor Dennis M. Schnurr
Secretario General,
NCCB/USCC

RECONOCIMIENTOS

Los miembros de los Comités de la Conferencia Nacional de Obispos Católicos (NCCB) para Asuntos Hispanos y para los Católicos Afroamericanos junto con sus respectivos obispos asesores han contribuido para el desarrollo de esta declaración con varias revisiones meditadas y constructivas.

El Comité para Asuntos Hispanos incluye a Mons. Roberto González, OFM, presidente; Mons. Manuel Moreno; Mons. John Nevins; Mons. Sean O'Malley, OFM; Mons. Raymundo Peña; Mons. Plácido Rodríguez; y Mons. James Tamayo. Los asesores son Arzobispo Patricio Flores, Arzobispo Francis George, y los obispos son: Mons. David Arias, OAR; Mons. Gerald Barnes; Mons. Gilberto Chávez; Mons. Alvaro Corrada, SJ; Mons. Francisco Garmendia; Mons. René Gracida; Mons. José Madera, MSPS; Mons. William Murphy; Mons. Armando Ochoa; Mons. Ricardo Ramírez, CSB; Mons. Agustín Román; Mons. Carlos Sevilla, SJ; Mons. Arturo Tafoya; Mons. René Valero; Mons. Gabino Zavala; y el muy reverendo Lorenzo Albacete.

Los miembros del Comité para Católicos Afroamericanos son Mons. Curtis Guillory, SVD, presidente; Mons. Moses Anderson, SSE; Mons. John Cummins; Mons. Thomas Daily; Mons. William Friend; Mons. Leonard Olivier, SVD; y Mons. Ricardo Ramírez, CSB. Los consultores son: Mons. John Ricard, SSJ; Mons. Edward Braxton; Mons. Dominic Carmon, SVD; Mons. Joseph Francis, SVD; Mons. Wilton Gregory; Mons. Joseph Howze; Mons. George Murry; Mons. J. Terry Steib, SVD; y Mons. Elliot Thomas.

Deseamos expresar nuestra gratitud de una manera especial por las contribuciones del subcomité redactor: La Doctora Ruth Narita Doyle de la Arquidiócesis de New York, Mons. Edward Braxton y Mons. Ricardo Ramírez, CSB.

Las citas bíblicas fueron tomadas de la *Biblia Latinoamericana*, con derecho de impresión de Ramón Ricciardi y Bernardo Hurault 1972, Ediciones Paulinas Verbo Divino. Usada con permiso. Todos los derechos reservados.

Créditos de las fotografias: David L. Perry, p. 11; Ken A. Huth, pp. 15, 31, 57, and 65; César E. Chávez Foundation, p. 22; Antonio Pazos Jimenez, p. 23; Chris Sheridan, Catholic New York, p. 36.

Primera impresión, febrero de 1997

ISBN 1-57455-025-X

The NCCB Committee on African American Catholics and the NCCB Committee on Hispanic Affairs have been in dialogue for several years about the positive relationship—and the tensions—that often exist between both communities. In their dialogue, the committees have discussed their common cultural roots; their common histories; their leaders, heroes, and heroines; their challenges and dreams; and the need to work for the common good in the Church and in society. The committees worked on developing *Reconciled Through Christ* with the intent of making the Church more aware of and sensitive to the need for collaboration and reconciliation. The document, prepared by both committees, is particularly directed at the pastoral leadership that works with the African American Catholic and the Hispanic Catholic who together share many similar challenges. In September 1996, the Administrative Committee of the National Conference of Catholic Bishops approved the bilingual publication of *Reconciled Through Christ*, which is authorized for publication by the undersigned.

Monsignor Dennis M. Schnurr
General Secretary
NCCB/USCC

ACKNOWLEDGMENTS

Our committees and consultants have contributed to the development of this statement through several thoughtful and constructive reviews.

The Committee on Hispanic Affairs includes Bishop Roberto González, OFM, chairman; Bishop Manuel Moreno; Bishop John Nevins; Bishop Sean O'Malley, OFM; Bishop Raymundo Peña; Bishop Plácido Rodríguez; and Bishop James Tamayo. The consultants are Archbishop Patrick Flores; Archbishop Francis George; Bishop David Arias, OAR; Bishop Gerald Barnes; Bishop Gilbert Chávez; Bishop Alvaro Corrada, SJ; Bishop Francisco Garmendia; Bishop René Gracida; Bishop José Madera, MSPS; Bishop William Murphy; Bishop Armando Ochoa; Bishop Ricardo Ramírez, CSB; Bishop Agustín Román; Bishop Carlos Sevilla, SJ; Bishop Arthur Tafoya; Bishop René Valero; Bishop Gabino Zavala; and Monsignor Lorenzo Albacete.

Members of the Committee on African American Catholics are Bishop Curtis Guillory, SVD, chairman; Bishop Moses Anderson, SSE; Bishop John Cummins; Bishop Thomas Daily; Bishop William Friend; Bishop Leonard Olivier, SVD; and Bishop Ricardo Ramírez, CSB. The consultants are Bishop John Ricard, SSJ; Bishop Edward Braxton; Bishop Dominic Carmon, SVD; Bishop Joseph Francis, SVD; Bishop Wilton Gregory; Bishop Joseph Howze; Bishop George Murry; Bishop J. Terry Steib, SVD; and Bishop Elliot Thomas.

We wish to especially acknowledge the contributions of the writing subcommittee: Dr. Ruth Narita Doyle of the Archdiocese of New York, Bishop Edward Braxton, and Bishop Ricardo Ramírez, CSB.

Photo Credits: David L. Perry, p. 11; Ken A. Huth, pp. 15, 31, 57, and 65; César E. Chávez Foundation, p. 22; Antonio Pazos Jimenez, p. 23; Chris Sheridan, Catholic New York, p. 36.

First printing, February 1997

ISBN 1-57455-025-X

Índice

Table of Contents

Prefacio

La situación cambiante de nuestros barrios, y por lo tanto nuestras parroquias, está creando nuevos desafíos para el ministerio y el culto. Grandes cambios demográficos y sociales afectan los valores personales y de las familias. Todo esto crea nuevas comunidades—comunidades donde sus miembros no vienen de la misma cultura, no conocen sus historias y, con frecuencia, no hablan el mismo idioma. Equilibrar las necesidades y las ambiciones de tan diversas comunidades puede ser una tarea difícil.

Como miembros de los Comités para los Afroamericanos y Asuntos Hispanos, escribimos esta declaración para ayudar a los dirigentes pastorales y a los profesionales de la pastoral a que comprendan más profundamente a estas dos comunidades diversas que hoy se encuentran viviendo muy cerca una de otra, tanto en su vida social como en su parroquia. Hemos escuchado en varios lugares donde se ha consultado, y también nos hemos dado cuenta en todas partes donde nos lleva nuestro ministerio como pastores, que la vida en estas nuevas comunidades es difícil y muy competitiva. Muchas personas buscan ejemplos concretos para ver cómo se puede lograr que las comunidades católicas afroamericanas e hispanas fomenten relaciones amistosas. No todas las parroquias tienen estas dificultades pero un número suficiente de ellas las tienen y eso nos preocupa.

Creemos que esta declaración presenta un intento modesto de responder a esas preocupaciones y de promover un sentido de comunidad, una fuente de gozo e inspiración y un sentido de responsabilidad mutua. Deseamos que nuestras comunidades procuren crear modelos de colaboración en la fe y el amor ante la diversidad cultural que surge en todo el mundo, y al prepararnos para el Gran Jubileo. Es también nuestro deseo que este esfuerzo anime un gran espíritu de apertura y colaboración con los otros grupos raciales y étnicos que nos rodean.

Por esto, los miembros de los Comités de la Conferencia Nacional de Obispos Católicos (NCCB) para los Asuntos Hispanos y para los Católicos Afroamericanos junto con sus respectivos obispos asesores tuvieron varias reuniones para tratar sobre la cooperación y comunicación entre nuestras respectivas comunidades católicas.

Para alcanzar nuestras metas comunes en la evangelización creemos que es importante tener un documento que sirva como contexto para fomentar la unión y promover un ambiente de cooperación y colaboración.

Obispo Roberto González, OFM, presidente
Comité Episcopal para Asuntos Hispanos
Obispo Curtis Guillory, SVD, presidente
Comité Episcopal para Católicos Afroamericanos

Preface

The changing composition of neighborhoods and, by extension, parishes is creating new challenges for ministry and worship. Significant shifts in demographics and changing values are converging to create new communities—communities whose people are not from the same culture, do not know the histories and stories of each other, and oftentimes do not speak the same language. Balancing the needs and expectations of such diverse groups can be a difficult undertaking.

As members of the African American and Hispanic Affairs Committees, we write this statement to help pastoral leaders and church professionals gain a deeper understanding about two diverse groups who now find themselves in close proximity in their neighborhoods and in their parishes. We have heard from several forums of consultation, as well as firsthand in our role as pastors, that life in these new communities is sometimes difficult and increasingly competitive. Many people seek concrete examples of how to bring the African American and Hispanic Catholics into a closer relationship. Not all parishes experience these difficulties but enough do to be of concern.

Our committees believe this statement presents a modest attempt to respond to those concerns and to promote a sense of togetherness, a source of joy and inspiration, and a sense of responsibility for each other. It is our hope that we will build models of collaboration in faith and love as we look at the emerging cultural diversity throughout the world and as we prepare for the great Jubilee. It is also our hope that this effort will encourage a spirit of greater openness to and collaboration with the diversity of other ethnic and racial groups in our midst.

The NCCB Committees on Hispanic Affairs and African American Catholics were joined by our respective bishop consultants at several meetings concerning cooperation and communication between our communities of Catholics.

We felt it important to our mutual goals of evangelization to develop a document that would serve as a context to foster togetherness and encourage an atmosphere of cooperation and collaboration.

> Most Rev. Roberto González, OFM, Chairman
> U.S. Bishops' Committee on Hispanic Affairs
> Most Rev. Curtis Guillory, SVD, Chairman
> U.S. Bishops' Committee on African American Catholics

Introducción

Somos como dos barcos navegando en un mar tormentoso. Estamos en sendas paralelas pero debido a la poca comunicación nos es difícil ayudarnos mutuamente a encontrar nuestro camino. Nuestros barcos son de diferentes tamaños y de diferentes diseños. Los relámpagos nos ciegan e impiden ver la faz radiante de los otros y los truenos nos ensordecen e impiden escuchar los clamores de los que piden ayuda. Cuando llegamos a oírnos, el rugido del viento nos impide comprender lo que estamos diciendo. Pero desde nuestros barcos podemos ver una luz brillante que parece estar muy cerca y al mismo tiempo muy lejos.

Algunos dirían que esta es una buena descripción de los católicos hispanos y de los afroamericanos. El mar tormentoso es el mal de la discriminación y el racismo que nos impide trazar nuestros rumbos parecidos pero diferentes. Nuestros barcos singulares son nuestras historias y culturas distintas. El relámpago lo causan las fuerzas sociales, económicas, culturales y políticas que nos ponen a competir unos con otros para lograr educación, empleo, vivienda e influencia política. El trueno lo causan las frustraciones, las incomprensiones mutuas, las tensiones y los conflictos dentro de nuestros barrios, que se agravan por el cese de programas de ayuda tanto federales como locales. El rugido del viento es la comunicación masiva que, ávida de reportar conflictos humanos, exagera nuestras disputas. La luz brillante es Jesucristo que nos dirige y nos guía.

Nosotros, los obispos hispanos y afroamericanos, emitimos estas reflexiones para los dirigentes pastorales en nuestro país que sirven a 20 millones de católicos hispanos y a 3 millones de católicos afroamericanos aproximadamente. Lo hacemos con la esperanza de que nuestras voces, unidas a las de muchos otros, se escuchen claramente sobre los vientos rugientes, y nos animen a ser colaboradores, en lugar de competidores, para así enriquecer la familia humana y fortalecer la comunidad cristiana. Tenemos grandes deseos de hacer un verdadero esfuerzo pastoral que llene algunos vacíos que existen entre nosotros y que anime a nuestros pueblos a unirse para expresar plenamente la unidad en medio de la diversidad de la Iglesia. Las realidades pastorales y sociológicas de nuestras diócesis y el mandato de Jesucristo: "Vayan, y enseñen a todas las naciones" nos urgen a

Introduction

We are like two ships sailing on a stormy sea. We are on parallel courses but our infrequent communication makes it difficult to help each other find our way. Our ships are of different sizes and different designs. The lightning blinds us to each other's radiant faces, and the thunder deafens us to each other's cries for help. When we do hear each other, the roar of the wind makes it impossible to understand what we are saying. But from each of our vessels we can see a bright light that seems both near at hand and far away.

Some would say that this is a fair description of Hispanic American and African American Catholics. The stormy sea is the evil of discrimination and racism that makes it so difficult for us to chart our similar but different courses. Our unique ships are our distinctive histories and cultures. The lightning is caused by the social, economic, cultural, and political forces that put us in competition with one another for education, employment, housing, and political influence. The thunder is caused by the frustration, mutual misunderstanding, tensions, and conflicts in our neighborhoods, made worse by cuts in federal and local assistance programs. The roaring wind is the media, which, eager to report human conflict, overstates our disputes. The bright light is Jesus Christ, leading us and guiding us.

We, the members of the NCCB Committees on Hispanic Affairs and African American Catholics, address these reflections to the pastoral leaders who serve the approximately twenty million Hispanic Catholics and the approximately three million African American Catholics in our country in the hope that our voices, joined with those of many others, will be clear above the roaring winds, urging us to become collaborators rather than competitors in order to enrich the human family and to strengthen the Christian community. The committees are anxious to make a genuine pastoral effort to bridge some of the gaps that exist between us and to encourage our people in joint efforts that give full expression to unity amid the diversity of the Church. The pastoral and sociological realities of our dioceses and the mandate of Jesus Christ, "Go, teach all nations," compel us to make this new form of pastoral collaboration an integral part of our mission of bringing

llevar a cabo esta nueva forma de colaboración pastoral como parte integral de nuestra misión de proclamar la palabra de Dios a todos. De esta manera, nuestras comunidades darán testimonio de la enseñanza del Concilio Vaticano II en su Constitución Dogmática sobre la Iglesia.

> También en la constitución del cuerpo de Cristo hay variedad de miembros y de ministerios. Uno solo es el Espíritu, que distribuye sus diversos dones, para el bien de la Iglesia, según sus riquezas y la diversidad de los ministerios.... [E]l mismo Espíritu ... produce y urge la caridad entre los fieles.[1]

Esta reflexión examina nuestros pasados, nuestros presentes y nuestros futuros; y está consciente de nuestras largas historias desde las raíces de nuestras comunidades católicas hispanas y negras con más de 500 años. Para los hispanos, esas raíces empezaron con el trabajo misionero en los estados fronterizos, donde el primer idioma para el apostolado en la Iglesia fue el castellano. Para los afroamericanos empezó con la llegada de los negros procedentes de la Hispaniola (lo que es hoy Haití y República Dominicana) a finales del siglo XVIII. (Apéndice A ofrece la historia de ambas comunidades católicas). Reconocemos nuestros desafíos comunes, reflexionamos sobre la necesidad de una reconciliación mutua; celebramos nuestros logros pasados; y nos comprometemos a trabajar juntos para nuestro futuro en la Iglesia y en el mundo. Hacemos esto con confianza porque compartimos una misma fe.

the word of God to all. In this way, our communities will give witness to the teaching of the Second Vatican Council's Constitution on the Church.

> In the building of Christ's body there is a flourishing variety of members and functions. There is only one Spirit who, according to His own richness and the needs of the ministries, distributes His different gifts for the welfare of the Church. . . . This same Spirit produces and urges love among the believers.[1]

This reflection will look to our communities' pasts, presents, and futures. It will be conscious of our long histories from the rooting of our Hispanic and African American Catholic communities more than five hundred years ago. For Hispanics this reflection focuses on the missionary work in the border states where the first language of ministry in the Church was Spanish. For African Americans this reflection focuses on the arrival of Black peoples from the island of Hispaniola (present day Haiti and Dominican Republic) at the end of the eighteenth century. (Appendix A provides a history of both Catholic communities.) Our people recognize our common challenges, reflect upon our need for mutual reconciliation, celebrate our past achievements, and commit ourselves to working together for our future in the Church and in the world. We do this with confidence because we share one faith.

David L. Perry

I. Identificamos desafíos comunes

Hay aproximadamente 26 millones de hispanos y 75 por ciento de ellos son católicos.[2] Hay 33 millones de afroamericanos[3] y aproximadamente 10 por ciento de ellos son católicos. Estudios sociológicos sobre nuestras comunidades nos presentan con frecuencia como poblaciones sin relaciones con la sociedad estadounidense ni con la Iglesia. Muchos de estos estudios se han fijado en los conflictos dentro de los grupos en lugar de ver la cooperación y estos estudios pueden reforzar nuestras percepciones inadecuadas de cada uno. Sólo en años recientes se ha hecho el esfuerzo de explorar las relaciones entre los hispanos y los de descendencia africana.

No se necesita ser un gran erudito para reconocer las preocupaciones y las experiencias que nos han llevado a la desconfianza y a la división. Estas mismas realidades subrayan la urgencia de la cooperación. Muchos miembros de ambas comunidades son pobres. El resultado es que competimos por los mismos escasos recursos: escuelas de calidad, empleo estable, vivienda en barrios seguros y lo que mucho se necesita—becas y donativos por parte de fundaciones y otras fuentes. Nuestras dos comunidades se perciben como indiferentes a la política e insuficientemente conscientes de la fuerza para el cambio que podemos ser si participamos en el proceso político. Con la elección y el nombramiento de más personas negras a puestos políticos, algunos hispanos los perciben como sirviéndose a sí mismos, buscando ayuda sólo para "los suyos" e ignorando las necesidades de otros. Algunos políticos afroamericanos aseveran que los hispanos, por su gran número, podrían tener un impacto más fuerte en sus comunidades y aun más allá, si se interesaran más en la política y movilizaran a su gente para votar. Además, las diferentes historias políticas y experiencias culturales de nuestros pueblos nos llevan a diferentes campos cuando dialogamos sobre la acción afirmativa o la educación bilingüe. Las presiones múltiples en ambas comunidades con frecuencia resultan en hostilidades obvias, en violencia y enfrentamientos que han sido causa de preocupación para todos.

I. Recognizing Our Common Challenges

There are approximately twenty-six million Hispanic Americans; 75 percent of them are Catholic.[2] There are thirty-three million African Americans[3]; approximately 10 percent of them are Catholic. Sociological studies of our communities often present us as unrelated populations in American society and in the Church. Much of this literature has focused on intergroup conflict rather than on cooperation, and these studies may reinforce our inadequate perceptions of each other. Only in recent years have efforts been made to explore the interaction between Hispanics and people of African descent.

One need not be a scholar to recognize the issues and experiences that have led to mistrust and division. These same realities underscore the urgency of cooperation. Many members of both communities are poor. As a result, African Americans and Hispanics compete for the same scarce resources, such as quality education, stable employment, secure neighborhood housing, and much-needed funding and grants. Both of our communities are sometimes perceived as politically indifferent and insufficiently aware of the force for change that we can be by participating in the political process. As a growing number of African Americans are elected and appointed to political positions, some Hispanics may perceive them as self-serving, seeking to help only "their own" and ignoring the needs of others. Some African American politicians may argue that Hispanics, because of their numbers, could have a more significant impact in their communities and beyond if they would develop a greater interest in politics and mobilize their people to vote. In addition, the different political histories and cultural experiences of our people lead to different positions when our communities discuss affirmative action or bilingual education. The multiple pressures in both communities have often resulted in open hostilities, violence, and riots, which have been a cause of concern for all.

1. Raíces históricas

Las comunidades hispanas y afroamericanas compartimos algunas raíces históricas. Aunque algunas veces no pensamos en ello, los estadounidenses de origen español o africano tienen historias ricas y honorables que se remontan a los principios del siglo XVI en los continentes de América del Norte y del Sur, y aun más, a la antigüedad en España y África. Los exploradores y colonizadores españoles llegaron aquí en los primeros años de 1500. Durante esos mismos años, hombres, mujeres y niños africanos fueron esclavizados brutalmente en América del Norte, Central y del Sur, tanto como en las islas del Caribe. Los españoles trajeron su larga tradición de fe católica que se enfrentó con la vida profundamente religiosa de los pueblos nativos. Los africanos trajeron consigo sus religiones tradicionales, ricas y propias de ellos.

2. Antecedentes y experiencias raciales comunes

Mucha de nuestra gente comparte los mismos antecedentes raciales. Muchas personas de Centro y Suramérica son en parte descendientes de africanos debido a la tragedia del comercio de esclavos. El censo nacional de 1990 nos dice que un número alto de

hispanos se identifica racialmente como negro. Esto cambia mucho de diócesis a diócesis. Por ejemplo en Jackson, Mississippi, un 27 por ciento de hispanos se identifica como negro; en Nueva York un 15; y en Lafayette, Louisiana un 12. En otras diócesis esto es mucho más bajo, un 2 por ciento en Houston y Los Ángeles. Por todo Estados Unidos unas 800,000 personas se identifican como hispanas y también como negras.

Con la inmigración de los últimos quince años, tanto la comunidad afroamericana como la hispana se han vuelto más diversas culturalmente. Entre las personas negras, encontramos números crecientes que proceden de Haití, Panamá, partes del Cabo Verde y de Nigeria. En la comunidad hispana, el número de personas de República Dominicana y de países suramericanos ha aumentado. Esta diversidad interna presenta nuevas complejidades y desafíos para nuestras relaciones, especialmente en lo que concierne a la aceptación y rechazo de los grupos.

Aunque algunos de nosotros compartimos pasados raciales, todos compartimos en diferentes grados el mal de la discriminación, del prejuicio racial y de la opresión que ponen en peligro la misma identidad de la sociedad estadounidense. En el documento *Nuestros Hermanos y Hermanas*, toda la conferencia de obispos ha hablado con fuerza y repetidamente contra el pecado del racismo.

El racismo es un mal que perdura en nuestra sociedad y en nuestra Iglesia. A pesar de los avances aparentes y aun con los cambios significativos que han ocurrido en las últimas dos décadas, la realidad del racismo permanece. En gran parte es sólo las apariencias externas que han cambiado.[4]

1. Historical Roots

The Hispanic and African American communities share some historical roots. While we may not often think about it, Americans of Spanish and African origins have rich and revered histories that go back to the beginning of the sixteenth century on the continents of North and South America and back to antiquity in Spain and Africa. Spanish explorers and colonizers arrived here in the early 1500s. During those same years, African men, women, and children were brutally enslaved in North, Central, and South America, as well as on the islands of the Caribbean. The Spaniards brought their long tradition of Catholic faith, which encountered the deep religious life of the native people. The Africans brought their traditional rich and indigenous religions.

2. Common Racial Backgrounds and Experience

Many of our people share the same racial backgrounds. One reason is because many people from Central and South America are of partial African descent because of the tragedy of the slave trade. The 1990 census indicates that a substantial number of Hispanic people identify themselves racially as Black. This ranges a great deal from diocese to diocese. For example, in Jackson, Miss., 27 percent of Hispanics identify themselves as Black, in New York, 15 percent, and in Lafayette, La., 12 percent. In other dioceses this is much lower: 2 percent in Houston and Los Angeles. Across the United States, 800,000 persons identify themselves as Hispanic and racially also as Black.

En esa misma carta, los obispos prosiguen,

> ¡Que grande es ese pecado del racismo que debilita el testimonio de la Iglesia como signo universal de unidad entre todos los pueblos! ¡Que grande es el escándalo que dan los católicos racistas cuando hacen del Cuerpo de Cristo, la Iglesia, un signo de opresión racial! Sin embargo, con mucha frecuencia, la Iglesia en nuestro país ha sido para muchos una 'Iglesia blanca', una institución racista.[5]

3. Compartiendo los vecindarios

A pesar de nuestras diferencias, tenemos mucho en común. Ante todo, sabemos por nuestras experiencias pastorales que afroamericanos e hispanos con frecuencia viven en los mismos vecindarios dentro de nuestras diócesis y parroquias. Las personas negras e hispanas viven en todas nuestras comunidades diocesanas y dos terceras partes de nuestras diócesis tienen por lo menos diez mil residentes de cada grupo. Seis de las diócesis metropolitanas más grandes tienen comunidades hispanas y afroamericanas de más de medio millón. Además, las 19 diócesis con más de medio millón de residentes hispanos o negros, tienen también comunidades nutridas, aunque más pequeñas, del otro grupo (véase el Apéndice B).

El crecimiento en el número de recién llegados y la cambiante composición de las olas de inmigración desde 1980 hasta el presente han causado cambios demográficos dramáticos en los Estados Unidos. Como resultado, hoy día en muchas de nuestras diócesis, nuestras dos comunidades combinadas forman una parte sustancial de los barrios diocesanos, y en algunos centros urbanos constituyen la mayoría de la población.

4. Familias extendidas

Algunos de nuestros hogares incluyen diferentes familias o lo que se llama familia extendida. Se pueden encontrar dos o tres generaciones en un mismo hogar. Pero los cambios tan rápidos en cuanto a las costumbres sexuales, la familia y la cultura en la sociedad estadounidense han tenido un

> *Hoy día en muchas de nuestras diócesis, nuestras dos comunidades combinadas forman una parte sustancial de los barrios diocesanos, y en algunos centros urbanos constituyen la mayoría de la población.*

impacto en las familias hispanas y negras. En 1992, un 52.9 por ciento de las familias negras y 31.8 de las hispanas estaban bajo el cuidado de sólo el padre o la madre. Hasta el principio de la década de 1970, la mayoría (68 por ciento) de las familias afroamericanas tenía padre y madre. Para 1992, menos de la mitad (47.1 por ciento) eran familias con ambos cónyuges.[6] Sin embargo, el sentido de familia como el centro donde se encuentra cariño y fuerza permanece entre muchos. Las iglesias protestantes negras tradicionalmente han sido una fuerza estabilizadora y de gran apoyo para las familias, especialmente para las

With the immigration of the last fifteen years, both the African American and the Hispanic communities have become culturally more diverse. Among Black people, there is an increasing number from Haiti, Panama, parts of Cape Verde, and Nigeria. In the Hispanic community, the number of people from the Dominican Republic and South American countries has increased as well. This diversity from within brings new complexities and challenges to our relationships, especially in the area of group acceptance and rejection.

While some of us share racial backgrounds, all of us share in varying degrees the evil of discrimination, racial prejudice, and oppression that endangers the very fabric of American society. In *Brothers and Sisters to Us*, the entire conference of bishops has spoken out strongly and repeatedly against the sin of racism.

> Racism is an evil which endures in our society and in our Church. Despite apparent advances and even significant changes in the last two decades, the reality of racism remains. In large part it is only the external appearances which have changed.[4]

In many of our dioceses our two communities combined form a substantial part of our diocesan neighborhoods. In some urban centers they constitute the majority of the population.

In the same letter the bishops continue,

> How great is that sin of racism which weakens the Church's witness as the universal sign of unity among all peoples.
> How great the scandal given by racist Catholics who would make the Body of Christ, the Church, a sign of racial oppression! Yet all too often the Church in our country has been for many a "White Church," a racist institution.[5]

3. Sharing Neighborhoods

In spite of our differences, we have much in common. First of all, as bishops, we know from our pastoral experience that African Americans and Hispanics often live in overlapping neighborhoods in our dioceses and parishes. African American and Hispanic people live in all of our diocesan communities, and two-thirds of our dioceses have at least ten thousand residents of each group. Six of the largest metropolitan dioceses have large Hispanic and African American communities of more than half a million. In addition, the nineteen dioceses with more than half a million Hispanic or African American residents have substantial though smaller communities of the other group (see Appendix B).

The growth in the number of newcomers and the changing composition of immigration patterns from 1980 to the present has caused dramatic demographic changes in the United States. As a result, in many of our dioceses our two communities combined form a substantial part of our diocesan neighborhoods. In some urban centers they constitute the majority of the population.

que tienen hijos. En algunas comunidades, el islamismo está haciendo una contribución similar. Para los hispanos, la familia extendida, que con frecuencia incluye abuelos y padrinos, ha sido tradicionalmente el centro de actividades importantes, especialmente de celebraciones religiosas.

5. Recursos socioeconómicos limitados

Muchos entre nosotros son pobres. Como la discriminación racial es sistemática en nuestro país, las limitaciones socioeconómicas están intrínsecamente conectadas con ella. Un gran número de nuestros hogares afroamericanos e hispanos están atrapados en el ciclo cruel de escuelas inadecuadas, desempleo, bajos sueldos y alto grado de pobreza. Según la oficina del censo, en 1992 el ingreso medio de familias negras era 57.6 por ciento y de las hispanas un 65 por ciento del ingreso de las familias blancas. En 1991, entre los hombres blancos el salario medio en un empleo de tiempo completo era $30,266. Entre los hombres negros la cifra comparable era $22,075 y para los hombres hispanos $19,771. Estas estadísticas nos recuerdan que el grado de pobreza es muy alto en nuestras comunidades. Entre la población de los blancos no hispanos, una de cada diez personas (9.6 por ciento) era pobre en 1992. En contraste con eso, los afroamericanos son probablemente tres veces más pobres (33.3 por ciento) y casi lo mismo entre los hispanos (29.3 por ciento).[7]

Los niños constituyen el grupo más grande de las personas que viven y mueren en la pobreza. De los niños menores de ocho años que viven en la pobreza, 14.7 por ciento son negros y 12 por ciento son hispanos. Ambos grupos de niños viven en mayor pobreza que los niños blancos, bien sea que vivan con uno o dos de sus padres.

La pobreza y las escuelas inadecuadas van con frecuencia mano a mano. A pesar de algunas mejoras, los logros escolares de los niños afroamericanos y de los hispanos son

constantemente más bajos que los de la población en general. Esto se puede deber en parte a métodos equivocados para la enseñanza y las pruebas. En 1980, un 66.5 por ciento de la población nacional terminó la secundaria; pero sólo un 51.2 por ciento de los afroamericanos y un 44 por ciento de los hispanos. En 1990, los estudiantes afroamericanos que se graduaron de secundaria aumentó a un 63.1 por ciento y los hispanos a un 49.8 por ciento. Ambas cifras están todavía muy por debajo de las que describen a la población en general. Un estudio más reciente del año 1995, muestra los adelantos que la población afroamericana ha tenido en el campo de la educación. Sin embargo, los niveles educacionales para los hispanos no han cambiado. Esto aún deja a la mitad de la población hispana y a más de la cuarta parte de la población afroamericana sin un diploma de secundaria, limitando de esta forma su progreso económico y perpetuando el ciclo de pobreza.

En 1980, un 16.2 por ciento de la población nacional tenía diploma universitario. Para 1990, era un 20.3 por ciento. En el mismo período, el número de los afroamericanos

4. Extended Families

Some of our households are blended or extended families, where two or three generations may be found in one home. The rapidly changing sexual, family, and cultural mores of American society have had their impact on Hispanic and African American families. In 1992, 52.9 percent of African American families and 31.8 percent of Hispanic families were headed by a single parent. Until the early 1970s, a majority (68 percent) of African American families were two-parent families, but by 1992, less than one half (47.1 percent) were married-couple families.[6] Nevertheless, the sense of family as a nurturing center endures for many. Black Protestant churches have traditionally been a stabilizing and strengthening force for families, especially those with children. In some communities, Islam is making a similar contribution. For Hispanics, the extended family, often including grandparents and godparents, has traditionally been at the center of important activities, especially religious celebrations.

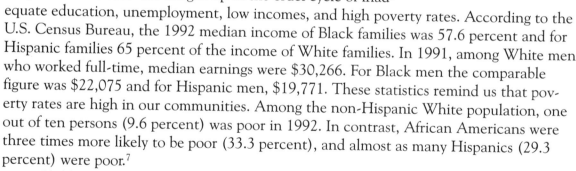

5. Limited Socioeconomic Resources

Many of us are poor. Since racial discrimination is systemic in our country, socioeconomic limitations are intrinsically connected to it. Large numbers of our African American and Hispanic households are caught up in the cruel cycle of inadequate education, unemployment, low incomes, and high poverty rates. According to the U.S. Census Bureau, the 1992 median income of Black families was 57.6 percent and for Hispanic families 65 percent of the income of White families. In 1991, among White men who worked full-time, median earnings were $30,266. For Black men the comparable figure was $22,075 and for Hispanic men, $19,771. These statistics remind us that poverty rates are high in our communities. Among the non-Hispanic White population, one out of ten persons (9.6 percent) was poor in 1992. In contrast, African Americans were three times more likely to be poor (33.3 percent), and almost as many Hispanics (29.3 percent) were poor.[7]

Children constitute the largest age group of people living and dying in poverty. Of the children under eight living in poverty, 14.7 percent were African American, and 12 percent were Hispanic. Both groups of children experience a much higher poverty rate than White children, whether they live with one or both of their parents.

Poverty and poor education are often joined hand in hand. In spite of some improvements, the educational achievements of African American and Hispanic children are consistently lower than those of the general population. This may be due in part to faulty teaching and testing methods. In 1980, 66.5 percent of the national population completed high school. However, only 51.2 percent of African Americans and 44 percent of Hispanics did so. In 1990, high school graduation rates for African American students increased to 63.1 percent and Hispanic rates increased to 49.8 percent, but both figures remain well below that of the overall population. A more recent report for 1995 presents

que se graduó de universidad aumentó de un 8.4 a un 11.4 por ciento. Los hispanos progresaron de un 7.6 a un 9.2 por ciento. El porcentaje de los que obtuvieron su doctorado bajó en ambas comunidades y el número de doctores, abogados y científicos hispanos y afroamericanos es alarmantemente bajo.

Aunque la pobreza, el desempleo y la limitación en la escuela pueden llevar a la ira y a la frustración, la mayoría en ambas comunidades tiene un fuerte compromiso de compartir sus bienes con los más desafortunados. En las comunidades negra e hispana hay una determinación creciente de fomentar grupos de auto-ayuda y de resolver las desigualdades desde dentro de cada comunidad con o sin ayuda del gobierno. A pesar de algunas controversias, el Desfile de un Millón de Hombres (*Million Man March*) añadió fuerza a grupos de auto-ayuda desde la base en los barrios negros.

6. Dirigentes espirituales comunes

Como católicos, estamos unidos por la espiritualidad de Martín de Porres y de Estevanico, dos hombres cristianos de descendencia africana y reconocidos por su caridad y sabiduría espiritual. El limeño Martín de Porres, hermano lego dominico, fue canonizado por el Papa Juan XXIII. Estevanico, un africano de España, sirvió con los primeros misioneros españoles en la expedición de Fray Marcos de Niza en el territorio que ahora se conoce como Arizona y Nuevo México.[8]

Otra figura inspiradora es Santa Rosa de Lima, peruana del siglo XVII, conocida por su belleza física y su humildad. Practicó grandes mortificaciones y penitencias; imitaba la vida de Jesús mientras vivía como una ermitaña. Con su vida de oración, ella emprendió la evangelización de los indígenas.

La larga historia de la opresión sistematizada de los afroamericanos desde la esclavitud hasta mediados del presente siglo es bien conocida y está bien documentada. Mientras los hispanos no han sufrido esclavitud, algunos son también un pueblo conquistado y sistemáticamente excluido de la sociedad estadounidense debido a prejuicios, racismo y segregación. En nuestras luchas por vencer las tantas injusticias que hemos sufrido, hemos recibido la gracia de tener hombres y mujeres de una fe profunda y de gran valentía, cuyo ejemplo de perseverancia en medio de la oposición nos impulsan a confrontar los desafíos de nuestros días.

En el siglo XIX en Nueva York, Pierre Toussaint, quien había sido un esclavo nacido en Haití, era conocido por su piedad y caridad, y hoy día se ha introducido la causa para

> *En nuestras luchas por vencer las tantas injusticias que hemos sufrido, hemos recibido la gracia de tener hombres y mujeres de una fe profunda y de gran valentía, cuyo ejemplo de perseverancia en medio de la oposición nos impulsan a confrontar los desafíos de nuestros días.*

advances in education for the African American population. However, Hispanic educational levels remain the same. This still leaves half the Hispanic population and more than one-quarter of the African American population without a high school diploma, thus limiting economic advancement and perpetuating the cycle of poverty.

In 1980, 16.2 percent of the national population had completed college. By 1990, it was 20.3 percent. In the same time period, African American college graduation rates increased from only 8.4 percent to 11.4 percent. Hispanics progressed from 7.6 percent to 9.2 percent. The percentage of doctorates declined in both communities, and the number of African American or Hispanic doctors, lawyers, and scientists remains alarmingly low.

Though poverty, unemployment, and limited education can lead to anger and frustration, the majority of both communities have a strong commitment to sharing whatever they have with those who have even less. In African American and Hispanic communities there is a growing determination to foster self-help groups and to address inequities from within each community with or without government assistance. In spite of elements of controversy, the Million Man March added impetus to grassroots self-help groups in Black neighborhoods.

6. Common Spiritual Leaders

As Catholics, we are linked by the spirituality of Martin de Porres and Estevanico, two Christian men of African descent renowned for their charity and spiritual counsel. Martin de Porres, canonized by Pope John XXIII, was a lay brother of the Dominican Order from Lima, Peru. Estevanico, an African from Spain, served with the first Spanish missionary expedition of Fray Marcos de Niza into territory now known as Arizona and New Mexico.[8]

Another inspirational figure is St. Rose of Lima, a seventeenth-century Peruvian, who was known for her physical beauty and humility. She practiced great mortification and penance and tried to imitate Jesus, living in solitude as a hermit. With her life of prayer, she embarked on the evangelization of the native Indians.

> *In our struggle to overcome the many injustices we have endured, we have been graced by men and women of deep faith and personal courage whose example of perseverance in the face of opposition compels us to meet the challenges of the present.*

The long history of systematic oppression of African Americans from the time of slavery to the middle of this century is well known and well documented. While Hispanic Americans have not endured slavery, they too have been a conquered people and systematically excluded from mainstream American society because of prejudice, racism, and segregation. In our struggle to overcome the many injustices we have endured, we have been graced by men and women of deep faith and

su canonización. Este siglo ha sido testigo de las grandes contribuciones hechas por las Hermanas del Santísimo Sacramento y las Hermanas Oblatas de la Providencia en bien de la educación de los afroamericanos.

A principios del siglo XX, Juanita Fernández Solar, conocida como Teresa de los Andes, continuó la larga tradición de los místicos en la Iglesia. Murió a la edad de 19 años después de sólo once meses en la vida religiosa. Se distinguió por llevar una vida contemporánea pero llena en todo sentido de Jesús; su fe le inspiró a seguirlo en su oración y en su agonía durante su pasión.

7. Dirigentes morales contemporáneos

El Dr. Martín Luther King, Jr. y César Chávez tienen un lugar prominente entre estos dirigentes. Como Mahatma Gandhi, nunca se sintieron intimidados cuando hablaban por los que no tenían voz exigiendo un trato justo e igual para todos. La fe bíblica y la espiritualidad bautista del Dr. King lo sostuvieron al convertirse en el dirigente de un movimiento pacífico desde las bases que buscaba terminar con la segregación, corregir las condiciones injustas en el trabajo y defender los derechos de aquellos a quienes él llamaba elocuente y colectivamente "el negro". Por medio del boicoteo de tiendas, de paros, marchas de protesta, caminar en lugar de usar autobuses segregados, de campañas para registrar votantes, y con sus fuertes prédicas para despertar la conciencia, el Dr. King, junto con cientos de miles de personas que él y muchos otros organizaron,

WE STILL HAVE A DREAM

—I Have a dream—
" I Have a dream that on the
red Hills of Georgia the sons
of former slaves and the sons
of former slave Owners will
be able to sit down together
at the table of brotherhood"
— Washington March —
1963-1983

Antonio Pazos Jimenez

personal courage whose example of perseverance in the face of opposition compels us to meet the challenges of the present. In nineteenth-century New York, Pierre Toussaint, a Haitian-born former slave, was known for his piety and charity, and he is currently being proposed for canonization. This century also saw great contributions of the Blessed Sacrament Sisters and the Oblate Sisters of Providence to the education of African Americans.

At the beginning of the twentieth century, Juanita Fernández Solar, known as Teresa de los Andes, continued the long tradition of the mystics of the Church. She died at the age of nineteen after only eleven months of religious life. What most distinguished her was her contemporary life filled in every way with Jesus; her faith inspired her to follow him in his prayer and agony, and in his passion.

7. Contemporary Moral Leaders

Dr. Martin Luther King Jr. and César Chávez are renowned among contemporary moral leaders. Like Mahatma Gandhi, they would not be intimidated as they became the voices of the voiceless, demanding just and equal treatment for all. Dr. King's biblical faith and Baptist spirituality sustained him as he became the leader of a nonviolent grassroots movement to end segregation, correct unjust working conditions, and defend the rights of those he eloquently and collectively called "the Negro." By boycotting stores, participating in sit-ins, marching in protest, walking rather than riding segregated buses, conducting

derrumbaron el andamiaje legal que apoyaba la segregación y el racismo institucio-nalizado. El ejemplo del Dr. King continúa siendo una poderosa inspiración para los negros que trabajan por la justicia en este país. Muchas iglesias católicas afroamericanas exhiben su retrato prominentemente como señal del lugar singular que el Dr. King ocupa en su historia.

César Chávez fue un católico devoto que no sólo creía en las enseñanzas de Jesucristo, sino que fue transformado por ellas. Ellas guiaron sus esfuerzos por lograr el trato justo de los trabajadores migrantes. Él enseñó a los campesinos la doctrina social del Papa León XIII durante juntas de huelguistas. Pero no sólo formó sindicatos. Estableció en la comunidad organizaciones de solidaridad. Reunió a los méjicoamericanos en Delano, California, formó el grupo conocido como Campesinos Unidos (*United Farm Workers*) y dirigió una huelga contra los cultivadores locales de uvas comestibles. La lucha por obtener contratos justos fue muy larga y difícil. César Chávez rechazó la violencia siempre y se impuso un ayuno de agua, haciendo penitencia para atraer la atención nacional hacia los salarios descaradamente injustos y a las condiciones de trabajo y de vida de los trabajadores hispanos migrantes en California. No fue solamente uno de los grandes dirigentes de los trabajadores en este siglo, sino también un ejemplo heroico de liderazgo moral católico.

Una de nuestras contemporáneas, la Hna. Thea Bowman fue una evangelizadora y educadora que predicaba la Buena Nueva a todas las personas y promovía infatiga-blemente el orgullo en la cultura negra. La Hna. Thea fue una religiosa de las Hermanas Franciscanas de la Adoración Perpetua que elocuentemente y con gran dignidad vivió una vida de compromiso profundo con la Iglesia con sus presentaciones y cantos. Esto se vio claramente en su preocupación por nuestros barrios hispanos y afroamericanos y en sus presentaciones en varias parroquias hispanas.

and the hundreds of thousands of people he and many others organized brought down the legal scaffolding that supported segregation and institutionalized racism. Dr. King's example continues to be a powerful inspiration for Black Americans working for justice in this country. Many African American Catholic communities display his picture prominently in their churches as a sign of his unique place in their history.

César Chávez was a devout Catholic who did not simply believe the teachings of Jesus Christ; he was transformed by them. They guided his efforts to secure just treatment for migrant workers. He taught the social teachings of Pope Leo XIII to farmworkers at

strike rallies. But he did not simply form unions. He established tight-knit community organizations. He gathered the Mexican Americans in Delano, Calif., formed the United Farm Workers, and led a strike against local table grape growers. The struggle for just contracts was long and drawn out. Rejecting violence at all times, he turned to a water-only diet, fasting and doing penance to draw national attention to the blatantly unjust wages and working and living conditions of the Hispanic migrant laborers in California. He was not only one of the great labor leaders of this century, he was also a heroic example of Catholic moral leadership.

One of our contemporaries, Sr. Thea Bowman, was an evangelist and educator who spread the good news to all people and tirelessly promoted pride in Black culture. Sr. Thea was a religious of the Franciscan Sisters of Perpetual Adoration who eloquently and with great dignity spoke about, lived, and sang a life of deep commitment to the Church. This was seen clearly in her voiced concern about our Hispanic and African American neighborhoods and her many speaking engagements in various Hispanic parishes.

II. Buscamos la reconciliación

Las reflexiones pastorales de nuestros sacerdotes, diáconos, religiosas, religiosos y dirigentes laicos y nuestro contacto personal con nuestra gente, nos recuerda que necesitamos trabajar para la reconciliación mutua en muchas áreas. Tanto las personas afroamericanas como las hispanas tienen diferentes puntos de vista para interpretar la experiencia de raza y lenguaje. Generalmente, la experiencia que los hispanos tienen de la raza es una realidad continua desde los más blancos hasta los muy morenos y todos los otros tonos entre medio. La distinción de clases frecuentemente se basa en el color de la piel. La etnia y el país hispano de origen también influyen en la percepción de raza. Debido a sus facciones más europeas, los que son rubios no son considerados como hispanos por las personas negras o blancas. Aunque sea menos evidente, los afroamericanos también tienen la experiencia de la raza de un modo continuo, desde morenos hasta negros. Las distinciones de clase se pueden basar en el color de la piel y en el grado más o menos evidente de facciones africanas. Muchos afirman que los que tienen una piel más clara son aceptados más fácilmente por la sociedad blanca. Ambos grupos están conscientes de que existe el prejuicio no sólo contra ellos y entre ellos, sino también dentro de sus propias comunidades.

Cada grupo tiene sus profundos sentimientos hacia los matrimonios interraciales. También tienen importantes sensibilidades sobre la manera cómo se les llama o se les nombra. Mientras que la mayoría de los estadounidenses con lazos al idioma español aceptan el nombre de hispano, no a todos les gusta y prefieren que se les llame méjico-americanos, cubanos, puertorriqueños y demás. En el curso de la compleja evolución desde la esclavitud hasta la fecha, las personas negras han pasado por la experiencia de adquirir una conciencia afroamericana que ha resultado en muchos apelativos incluyendo: negros, personas de color, morenos, pueblo negro, afroamericanos, africanos en América, americanos de descendencia africana y simplemente americanos.

En este contexto debemos reconocer que un número creciente de dirigentes negros e hispanos cuestionan el uso de los vocablos "minorías" y "grupo minoritario" cuando se refieren a nuestros pueblos. Están conscientes de que la legislación que apoya los derechos

II. Seeking Reconciliation

The pastoral reflections of our priests, deacons, sisters, brothers, and lay leaders and our own regular contact with our people remind us that we need to work toward mutual reconciliation in many areas. African American and Hispanic people bring different interpretative points of view to the experience of race and language. Generally, Hispanics experience race as a continuum from those who are very fair-skinned to those who are very dark and all of the shades in between. Class distinctions are often based on complexion. Ethnicity and the particular Spanish-speaking country of origin also influence the perception of race. Because of their more European features, some of those who are most fair-skinned may not even be perceived as Hispanics by African American or White people. Though it may be less pronounced, African Americans also experience race as a continuum, from fair to dark. Class distinctions may be based on complexion and the greater or lesser degree of obviously African features. Many have argued that those with fairer skin are much more readily accepted by White society. Both groups are aware that prejudice exists not only against them and between them, but also within their own communities.

Each group has its deeply felt sensibilities about interracial marriage. They also have important sensitivities about what they are called or how they are named. While the majority of Americans of Spanish-speaking origins seem to accept the designation Hispanic, all do not welcome it, preferring instead to be called Mexican Americans, Cuban Americans, Puerto Ricans, and the like. Through a complex evolution from slavery to the present, Black people have experienced the emergence of African American consciousness, resulting in many names including Negroes, Colored people, People of Color, Black people, Afro-Americans, African Americans, Africans in America, Americans of African descent, and simply Americans.

In this context our communities should acknowledge that a growing number of Black and Hispanic leaders question the use of the terms "minorities" and "minority groups" as they are applied to our people. They are aware that much of the civil rights and social justice legislation of the past thirty years uses that terminology to speak about

civiles y la justicia social en los últimos treinta años, usa esos vocablos para designar a los beneficiarios de los esfuerzos especiales para corregir las injusticias del pasado. Sin embargo, ahora se preguntan si estos vocablos están adquiriendo un significado distinto en la conciencia de este país. Cuando el noticiero de la tarde habla sobre los "problemas de las minorías" en los Estados Unidos ¿en quiénes piensan la mayoría de los estadounidenses? "Minorías" se ha vuelto un modo de hablar de la pobreza, el analfabetismo, el desempleo, las drogas, la violencia y padres y madres solteros. Se da la impresión de que aquellos que forman "la mayoría" no tienen estos problemas, aunque realmente los tienen. Estos vocablos pasan por alto el hecho de que personas de origen europeo no constituyen la mayoría de la población en el mundo. Hay una creciente conciencia de que, así como ya no nos referimos a los luteranos, anglicanos, y bautistas por lo que no son (no-católicos) sino por lo que son (cristianos de otras tradiciones), deberíamos referirnos a los grupos étnicos y raciales por lo que son (afroamericanos, hispanos), y no por lo que no son (grupos minoritarios, esto es, no son la mayoría, no son blancos).

El lenguaje es importante para ambas comunidades—la hispana y la afroamericana. Hay una gran necesidad de apoyar toda oportunidad para que nuestra gente que habla el español llegue a hablar el inglés bien. Esto es muy importante para su propia seguridad económica y política. Al mismo tiempo, no se debe minar el gran patrimonio del idioma español y de las culturas asociadas con él. Así, la educación bilingüe es de mucho valor. Por lo tanto, no podemos apoyar las normas que exigen "sólo inglés" (English only). Muchos educadores creen que el inglés normal usado en la mayoría de textos escolares dificulta evaluar con precisión el progreso educacional de niños y jóvenes afroamericanos que se comunican con una adaptación del inglés que algunos consideran ser gramaticalmente incorrecta y otros como un legítimo dialecto urbano que llaman "inglés negro". Cualquier opinión que se tome en esta discusión, es evidente que el conocimiento del inglés normal es de importancia capital para la seguridad económica y política de generaciones futuras entre el pueblo afroamericano. Una plena y completa participación en nuestro sistema escolar americano es importante para ambos grupos, pues están tratando de adquirir excelencia en su

> *Los católicos afroamericanos e hispanos también deben guiarse por una visión espiritual y por un compromiso de trabajar juntos ahora que continuamos esforzándonos por renovar nuestra sociedad y nuestra Iglesia. El trabajar unidos al hablar sobre las necesidades urgentes de nuestro tiempo nos dará mayor fuerza y mejorará nuestras posibilidades de lograr lo que buscamos.*

those for whom special efforts should be made to correct the injustices of the past. However, they are now asking whether these words are becoming subtly shaded in American consciousness. When the evening news speaks about the "problem of minorities" in the United States, of whom do most Americans think? "Minorities" has become a code word for poverty, illiteracy, unemployment, drugs, violence, and unwed parents. The impression can be given that those who are "the majority" do not have these problems, even though they do. These terms ignore the fact that people of European origins do not constitute the majority of the world's population. There is a growing awareness that, just as we no longer refer to Lutherans, Anglicans, and Baptists as what they are not (non-Catholics) but as what they are (Christians of other traditions), we should refer to ethnic and racial groups as who they are (African Americans, Hispanic Americans) and not who they are not (minority groups, i.e., not the majority, not White).

> *African American and Hispanic Catholics must also be guided by a spiritual vision and a commitment to working together as they continue the work of renewing our society and our Church. Working together to address the pressing issues of our own time will increase our strength and improve our chances for success.*

Language is important for both the Hispanic and African American communities. There is a great need to support every opportunity for our Spanish-speaking people to become fluent in English. This is vital for their economic and political security. At the same time, the great patrimony of the Spanish language and the cultures associated with it must not be undermined. Thus, bilingual education is of great value. Hence, as bishops, we cannot support "English-only" regulations. Many educators feel that the standardized English used in most school tests may make it difficult to accurately monitor the educational progress of African American young people who may communicate in an adaptation of English; some consider this adaptation bad grammar, and others consider it a legitimate urban dialect or "Black English." Whatever side one takes in this debate, it is clear that a knowledge of standard English is vital for the economic and political security of future generations of African American people. Full and complete participation in our American educational system is important for both groups as they strive for the excellence in education that has long eluded them. It is not surprising that our Catholic schools play an important role in both communities.

Dr. King and César Chávez were prophetic pathfinders on the road to justice, freedom, and full citizenship. Both were inspired by a spiritual vision and were committed to a collaborative method in their work for change. African American and Hispanic

preparación académica que les ha eludido por mucho tiempo. No es sorprendente que nuestras escuelas católicas tengan un papel importante para ambas comunidades.

El Dr. King y César Chávez fueron profetas buscando el camino hacia la justicia, la libertad y la plena ciudadanía. Los dos estaban inspirados por una visión espiritual y ambos estaban comprometidos con un método colaborativo en sus esfuerzos por el cambio. Los católicos afroamericanos e hispanos también deben guiarse por una visión espiritual y por un compromiso de trabajar juntos ahora que continuamos esforzándonos por renovar nuestra sociedad y nuestra Iglesia. El trabajar unidos al hablar sobre las necesidades urgentes de nuestro tiempo nos dará mayor fuerza y mejorará nuestras posibilidades de lograr lo que buscamos.

Es indudable que los cristianos debemos continuar luchando por erradicar la plaga del prejuicio y de la discriminación de nuestro carácter nacional. Las noticias principales diarias confirman que aquellos que quieren retroceder a tiempos anteriores en el progreso social están dando grandes pasos. Los gobiernos estatales y el federal continúan quitando programas que ofrecen recursos escolares, económicos, para vivienda y para el cuidado de la salud entre los pobres. Especialmente los hogares con niños, los barrios con gran número de habitantes afroamericanos e hispanos serán los primeros en sufrir las consecuencias. Si juntos alzamos nuestras voces a favor de los más necesitados, tendremos mayor posibilidad de ser escuchados.

Muchos estados están ahora buscando no sólo limitar la inmigración sino también imponer restricciones en los servicios que se prestan a los inmigrantes. Debemos recordar a los ciudadanos estadounidenses que esta es una nación de inmigrantes. Al mismo tiempo que respetamos la necesidad de leyes de inmigración razonables, debemos unirnos a nuestro pueblo para exigir que sean aplicadas justamente, a fin de que, como nación y como Iglesia, podamos continuar dando la bienvenida a los extranjeros que vienen a nuestras tierras, especialmente a aquellos que vienen huyendo de sufrimientos políticos y económicos.

Es evidente a todos los estadounidenses que si las leyes que apoyan el racismo y la segregación abierta han muerto, las profundas actitudes que llevaron a que se establecieran no han desaparecido. Nuestros pueblos se enfrentan con muchas formas de discriminación en su vida diaria. En años recientes, grupos pequeños y agresivos, militantes y organizados, están comprometidos a la "supremacía blanca", tales como las "cabezas rapadas", han declarado muy públicamente su odio por los que son diferentes a ellos. Esto es especialmente lamentable porque muchos de ellos son jóvenes. Mientras tanto, nuestros propios jóvenes crecen impacientes, y encuentran difícil buscar el cambio sin violencia. Por lo tanto, la educación y formación de la juventud hispana y afroamericana para entenderse mutuamente son urgentes.

Catholics must also be guided by a spiritual vision and a commitment to working together as our communities continue the work of renewing our society and our Church. Working together to address the pressing issues of our own time will increase our strength and improve our chances for success.

That Christians must continue to strive to remove the blight of prejudice and discrimination from our national character is unquestionable. Each day's news headlines confirm that those who would turn back the clock of social progress are making significant strides. As federal and local governments continue to cut back programs that provide educational, economic, housing, and health care resources for the poor, especially households with dependent children, neighborhoods with large African American and Hispanic populations will be among the first to suffer. If our communities raise their voices together on behalf of those most in need, we may have a better chance of being heard.

Many states are now seeking not only to limit immigration but also to impose restrictions on services for immigrants. Our communities must remind American citizens that this is a nation of immigrants. While respecting the need for reasonable immigration laws, as bishops, we must join our people in demanding that the laws be implemented fairly, so that, as a nation and as a Church, we may continue to offer a genuine welcome to strangers who come to our shores, especially those fleeing political and economic suffering.

It is evident to all Americans that while laws that support overt racism and segregation have been overturned, the underlying attitudes that led to their establishment have not. Our people still face many forms of discrimination in everyday life. In recent years,

Ken A. Huth

En su encíclica *Hacia el Tercer Milenio*, el Papa Juan Pablo II subraya la responsabilidad singular de la juventud para el futuro de la Iglesia. Sus palabras bien pudieran ser dirigidas a nuestros jóvenes hispanos y afroamericanos.

El futuro del mundo y de la Iglesia pertenece a las *jóvenes generaciones* que, nacidas en este siglo, serán maduras en el próximo, el primero del nuevo milenio. *Cristo escucha a los jóvenes*, como escuchó al joven que le hizo la pregunta: " ¿Qué he de hacer de bueno para conseguir la vida eterna?" (Mt 19,16)... Los jóvenes, en cada situación, en cada región de la tierra no dejan de preguntar a Cristo: *lo encuentran y lo buscan para interrogarlo a continuación*. Si saben seguir el camino que Él indica, tendrán la alegría de aportar su propia contribución para su presencia en el próximo siglo y en los sucesivos, hasta la consumación de los tiempos: "Jesús es el mismo ayer, hoy y siempre".[9]

Cuando las personas se sienten vulnerables o amenazadas, es difícil para ellos pensar en las necesidades de otros. Esto nos ayuda entender por qué algunos miembros de nuestras comunidades no se buscan unos a otros ni tratan de ayudarse mutuamente en momentos de lucha, como por ejemplo en conflictos de pandillas en el barrio. Los padres de familia y los dirigentes religiosos pueden sentirse tan preocupados por el bienestar de aquellos por quienes son inmediatamente responsables que pueden aparecer indiferentes y aun opuestos a otros que están también involucrados. No es fácil cambiar del enojo y la sospecha al respeto y la tolerancia, y del respeto y la tolerancia a la comprensión y la cooperación. Esto puede ser especialmente cierto cuando nos vemos forzados a competir unos con otros por limitados recursos escolares, económicos y de recreo en comunidades cercanas. Si un grupo parece que recibe la atención del gobierno local y el otro no, la competencia y el conflicto crecerán. Esto también puede ser el caso cuando católicos hispanos y católicos afroamericanos forman el equivalente de dos parroquias distintas dentro de un solo edificio parroquial. Es difícil que personas en estas circunstancias vean más allá de sus propias luchas para ser reconocidos y para tener su identidad y abrir su corazón y mente para apreciar los dones y contribuciones que los otros hacen a la comunidad y a la Iglesia.

small but aggressive militant and organized groups committed to "White supremacy," such as "skinheads," have become more public and outspoken in their proclamation of hatred for those different from themselves. This is particularly disturbing because many of them are young people. Meanwhile, our own young people may grow impatient, finding it difficult to work nonviolently for change. Hence, the education and formation of Hispanic and African American youth in understanding each other is crucial.

In *On the Coming of the Third Millennium* (*Tertio Millennio Adveniente*), Pope John Paul II stresses the unique responsibility of the young for the future of the Church. His words could well be addressed to our Hispanic American and African American young people.

> The future of the world and the church belongs to the *younger generation,* to those who, born in this century, will reach maturity in the next, the first century of the new millennium. *Christ expects great things from young people,* as he did from the young man who asked him: "What good deed must I do, to have eternal life?" (Mt 19:16). . . Young people, in every situation, in every region of the world, do not cease to put questions to Christ: *they meet him and they keep searching for him in order to question him further.* If they succeed in following the road which he points out to them, they will have the joy of making their own contribution to his presence in the next century and in the centuries to come, until the end of time: "Jesus is the same yesterday, today and forever." (no. 58)[9]

When people feel vulnerable or threatened, it is difficult for them to think of the needs of others. This helps us to understand why members of our communities might not seek each other out or strive to comfort one another in times of strife, such as neighborhood gang conflict. Parents and religious leaders may find themselves so caught up in concern about the well-being of those for whom they are immediately responsible that they may appear indifferent to, or even antagonistic towards, others involved. It is not easy to move from anger and suspicion to respect and tolerance, and from respect and tolerance to understanding and cooperation. This may be especially true when our communities are forced to compete with one another for limited educational, economic, and recreational resources in nearby communities. If one group appears to have the ear of "City Hall" and the other does not, competition and conflict will only increase. This can also be the case when Hispanic and African American Catholics become the equivalent of two distinct parishes in one parish facility. It is difficult for people in these circumstances to see beyond their own struggles for recognition and identity and to open their hearts and minds to appreciate the gifts and contributions that others are making to the community and to the Church.

III. Celebramos nuestro progreso

Como obispos, estamos agradecidos por medio siglo de esfuerzos nacionales en el apostolado entre nuestras comunidades afroamericanas e hispanas. Tenemos mucho de qué alegrarnos. Por todo el país, hay parroquias que resuenan con la exhuberancia de las liturgias en español y en inglés y que reflejan la riqueza del culto católico con las expresiones de fe de las culturas hispana y afroamericana y que se caracterizan por su gran cariño y hospitalidad familiar. Estas liturgias hablan al corazón, a la mente y al espíritu, al celebrar con música llena de fervor, con la viveza de los aplausos rítmicos y la espontaneidad con que abrazan al prójimo.

En la Conferencia Nacional de Obispos Católicos, las voces de nuestras comunidades se hacen presente en veinte y tres obispos hispanos y trece obispos afroamericanos. Hace cincuenta años no había ningún obispo de nuestras comunidades. Esperamos que estos números crezcan. Las oficinas nacionales que sirven a los católicos hispanos y afroamericanos están promoviendo los esfuerzos para producir publicaciones catequéticas multiculturales, incluyendo recursos para el nuevo *Catecismo de la Iglesia Católica*. Los esfuerzos nacionales por medio de los tres Encuentros, han sido esfuerzos bien centrados para hacer ver la presencia hispana y dar dirección al apostolado hispano en la Iglesia en los Estados Unidos. Los dos congresos contemporáneos nacionales de católicos negros han renovado esa comunidad y la han hecho más visible ante el grupo más grande de las otras iglesias cristianas negras. Estos esfuerzos nacionales tienen un mayor impacto cuando se refuerzan con los esfuerzos de grupos desde la base que requieren el apoyo de todos los que laboran en la pastoral.

En muchas diócesis, especialmente aquellas con numerosos miembros afroamericanos e hispanos, se han establecido oficinas para la pastoral hispana y negra. Más y más, dentro de los esfuerzos para toda una diócesis—tales como sínodos—la conciencia de la presencia de diversos grupos se refleja tanto en la preparación como en los resultados. Cada vez más, las oficinas diocesanas con diferentes responsabilidades les piden a las parroquias y a sus feligreses que sean sensitivos e incorporen la diversidad cultural y racial en sus programas.

III. Celebrating Our Progress

As bishops, we are grateful for a half a century of national efforts of ministry in our African American and Hispanic communities. There is much that gives us cause for rejoicing. Across the country, parishes resound with the exuberance of liturgies in Spanish and in English, which reflect the enrichment of Catholic worship with expressions from Hispanic and African American cultures and are distinguished by great warmth and family hospitality. These liturgies engage the heart, the mind, and the soul, celebrating with spirit-filled music, hand-clapping liveliness, and neighbor-embracing spontaneity.

At the National Conference of Catholic Bishops, the voice of our communities is present with twenty-three Hispanic bishops and thirteen African American bishops. Fifty years ago there were no bishops from either of our communities. Hopefully, these numbers will increase. National offices serving Hispanic and African American Catholics are promoting efforts to produce multicultural catechetical publications, including resources for the new *Catechism of the Catholic Church*. National efforts through three *encuentros* have focused efforts to highlight the Hispanic presence and provide direction to Hispanic ministry in the Church in the United States. The two contemporary national congresses of Black Catholics have renewed the African American Catholic community and made it more visible to the larger group of Black Christian Churches. These national efforts have the greatest impact when they are reinforced by grassroots efforts that require the support of all involved in pastoral ministry.

In many dioceses, especially those with large African American and Hispanic populations, offices for Hispanic and African American ministry have been established. More and more in diocesan-wide efforts such as synods, the consciousness of the presence of diverse groups is reflected in both preparation and results. Increasingly, diocesan offices with varied responsibilities direct the parishes and their people to be sensitive to and to incorporate cultural and racial diversity in their programs.

A significant contribution of African American and Hispanic communities to the larger Church has been in making the universality and the catholicity of the Church a

Chris Sheridan, Catholic New York

Una contribución importante de las comunidades afroamericana e hispana a toda la Iglesia ha sido mostrar la universalidad y catolicidad de la Iglesia como una realidad en los Estados Unidos. En su primera carta a los Corintios, San Pablo nos recuerda que todos los dones que el Espíritu imparte a los diferentes miembros de la Iglesia son para el bien común. "Hay diferentes dones espirituales, pero el Espíritu es el mismo; hay diversos ministerios, pero el Señor es el mismo; hay diversidad de obras, pero es el mismo Dios quien obra todo en todos" (1 Cor 12:4-6). En *Evangelii Nuntiandi*, el Papa Pablo VI nos enseñó que el reino de Dios proclamado en el Evangelio toma su forma concreta en las vidas de los seres humanos que están profundamente configurados por su cultura particular.[10]

Damos gracias a Dios por las muchas formas en que los católicos hispanos y afroamericanos han contribuído sus dones a la Iglesia. Sin embargo, las necesidades de la Iglesia y los signos de los tiempos nos urgen a hacer aún más. Mediante nuestras comunidades podemos acercarnos a las comunidades asiáticoamericanas y nativoamericanas católicas quienes han experimentado tensiones similares. Nuestros esfuerzos tendrán mayor impacto si nuestras comunidades colaboran.

reality in the United States. In his First Letter to the Corinthians, St. Paul reminds us that all of the Spirit's gifts to the diverse peoples of the Church are for the common good.

"There are different kinds of spiritual gifts but the same Spirit; there are different forms of service but the same Lord; there are different workings but the same God who produces all of them in everyone" (1 Cor 12:4-6). In *Evangelii Nuntiandi*, Pope Paul VI taught us that the reign of God, which the Gospel proclaims, takes concrete form in the lives of people who are profoundly shaped by their particular culture.[10]

As bishops, we thank God for the many ways in which Hispanic and African American Catholics have contributed their gifts to the Church. Nevertheless, the needs of the Church and the signs of the times compel us to do even more. With our communities we can reach out to the Asian American and Native American Catholics who have experienced similar tensions. Our efforts will have greater impact if our communities collaborate.

IV. Trabajamos juntos

Nosotros, los católicos afroamericanos e hispanos hemos enriquecido a la Iglesia católica en los Estados Unidos con nuestras experiencias de fe. Muchos de nuestros pueblos tienen la bendición de un sentido natural de fascinación ante la presencia del poder, misterio y amor de Dios. La vida de fe de nuestros pueblos ha estado enriquecida con devociones populares y oraciones en familia que han encontrado su expresión en muchos aspectos de su vida diaria.

Estas semejanzas en nuestra espiritualidad deberían ayudarnos a apreciar los esfuerzos que hacen nuestros dirigentes pastorales, incluyéndonos a nosotros los obispos, nuestros liturgistas, teólogos, músicos, artistas, poetas, arquitectos y maestros espirituales a continuar desarrollando y adaptando nuestras expresiones litúrgicas en todo lo que sea posible para la auténtica manifestación de nuestras experiencias religiosas. Esto se debe hacer en comunión con toda la Iglesia y con fidelidad a las enseñanzas del Concilio Vaticano II.

Nuestra espiritualidad y nuestra expresión litúrgica tan diversas pueden ser un desafío particularmente cuando nuestros pueblos rinden culto en la misma parroquia y compiten por los recursos litúrgicos. Algunas veces parece que el grupo más dominante empuja hacia afuera al más pequeño. Los esfuerzos para celebrar juntos en ocasiones especiales son difíciles por las grandes diferencias de lenguaje, música y estilo litúrgico. Debemos resistir la tentación de mostrar formas negativas de orgullo religioso y étnico. No se debe ni sugerir que unas expresiones litúrgicas particulares y prácticas de la fe de un grupo son más católicas que las de otro grupo. Esta es una de las muchas áreas en que necesitamos el don de la paciencia cuando trabajamos juntos. Nos podemos cansar, pero no debemos abandonarlo todo. Todos nosotros queremos ofrecer "espacio abundante y bueno", y anunciar desde nuestro corazón que "mi casa es tu casa". Como obispos, debemos explorar modos de mejorar nuestra propia comunicación y fortalecer los lazos de cooperación.

En todos nuestros esfuerzos, las palabras de San Pablo pueden apoyarnos al trabajar "humildes, amables, pacientes y soportándonos unos a otros con amor. Manteniendo entre [nosotros] lazos de paz y permaneciendo unidos en el mismo espíritu" (Ef 4:2-3). Si nosotros, obispos hispanos y afroamericanos, trabajamos unidos de esta manera, el Señor

IV. Working Together

We African American and Hispanic American Catholics have enriched the Catholic Church in the United States with our experience of the faith. Many of our people are blessed with a natural sense of wonder in the presence of the power, mystery, and love of God. The faith lives of our people have been enriched by popular devotions and family prayers, which have found their expression in many aspects of their daily lives.

These similarities in our spirituality should help us appreciate the efforts being made by our pastoral leaders—including us who are bishops, our liturgists, our theologians, our musicians, our artists, our poets, our architects, and our spiritual visionaries—to continue to develop and adapt the liturgy to the fullest extent possible for the authentic expression of our religious experiences. This must be done in communion with the larger Church and in fidelity to the teachings of the Second Vatican Council.

Our spirituality and our very diverse liturgical expression can be particularly challenging when our people worship in the same parish and compete for liturgical resources. Sometimes it seems that the more dominant group will push out the smaller group. Efforts to have joint celebrations on special occasions prove difficult because of great differences in language, music, and liturgical style. We must resist the temptation to show negative forms of religious and ethnic pride. There can be no suggestion that the particular liturgical expressions and practices of faith of one group are somehow more Catholic than those of the other. This is one of the many areas in which we need the gift of patience as we work together. We may grow weary, but we must not give up. All of us want to offer "plenty good room" and to announce from our hearts that "mi casa es tu casa." As bishops, we should explore ways to improve our own communication and strengthen our bonds of cooperation.

In all of our efforts, the words of St. Paul can sustain us as we labor "with all humility and gentleness, with patience, bearing with one another through love, striving to preserve the unity of the spirit through the bond of peace" (Eph 4:2-3). If we as bishops,

Jesús, con toda seguridad, será nuestra luz aun en un mar tempestuoso. Y por Su gracia, cada uno de nosotros puede llevar Su luz a nuestro mundo.

Al acercarse el año 2000 y el tercer milenio del cristianismo, la voz de Cristo es una trompeta que nos llama a la reconciliación y a una mayor colaboración. María, la Madre de Jesucristo, la madre del supremo reconciliador es nuestro modelo y nuestra guía.

Podemos edificar puentes, y podemos cruzar esos puentes sólo por el llamado de Cristo a amar como Él nos llama a ser verdaderamente católicos hispanos y verdaderamente católicos afroamericanos:

Pónganse, pues, el vestido que conviene a los elegidos de Dios, por ser sus santos muy queridos; revístanse de sentimientos de tierna compasión, de bondad, de humildad, de mansedumbre, de paciencia. Sopórtense y perdónense unos a otros, si uno tiene motivo de queja contra otro. Como el Señor los perdonó, a su vez, hagan lo mismo. Haciendo todo con amor, todas las cosas concurrirán a la unidad y alcanzarán la perfección. Que la paz de Cristo reine en sus corazones; ustedes fueron llamados a encontrarla, unidos en un mismo cuerpo. Finalmente, sean agradecidos (Col 3:12-15).

¿Qué podemos hacer juntos? Un buen punto de partida será repasar juntos el plan pastoral negro y el hispano.

Los planes pastorales

Elementos claves del *Plan Pastoral Nacional para los Católicos Negros*

El plan fue la culminación del Congreso Nacional para Católicos Negros que tuvo lugar en Washington, D.C., del 21 al 24 de mayo de 1987. Durante los dos años en que se planeaba el Congreso, hubo un proceso de consulta extensa en las diócesis de los Estados Unidos. Cada diócesis tuvo un Día de Reflexión para discernir los puntos relacionados con la evangelización de los afroamericanos a nivel local. Se recogieron las metas y los objetivos diocesanos expresados por los participantes y se enviaron a un comité central de planificación, donde los elementos comunes se transformaron en un coherente plan nacional de evangelización.

El Plan Pastoral Nacional para los Católicos Negros fue adoptado por todos los obispos en 1989. Fue un compromiso con la comunidad afroamericana y una promesa de apoyo al celo de los católicos negros.

El plan abarca tres amplias áreas: (1) la identidad católica de los católicos afroamericanos, (2) el ministerio y el liderazgo dentro de la comunidad católica afroamericana, y (3) la responsabilidad de esta comunidad de extender la mano a la sociedad. Dentro de estas áreas hay tales temas como cultura, familia, juventud, espiritualidad, liturgia, ministerio, liderazgo laico, parroquias, escuelas, acción social y desarrollo comunitario. El Plan Pastoral sirve como el camino a seguir para la

Hispanics and African Americans, work together in this way, the Lord Jesus Christ will surely be our light, even on the stormy sea. And by his grace, each of us can bring his light to our world.

As the year 2000 and the third millennium of Christianity draw near, the voice of Christ is a clarion call summoning us to reconciliation and greater collaboration. Mary, the mother of Jesus Christ, the mother of the supreme reconciler, is our model and guide.

We can build bridges but we can cross those bridges only with Christ's call to love as he calls us to be truly Hispanic Catholics and truly African American Catholics:

> Put on then, as God's chosen ones, holy and beloved, heartfelt compassion, kindness, humility, gentleness, and patience, bearing with one another and forgiving one another, if one has a grievance against another; as the Lord has forgiven you, so must you also do. And over all these put on love, that is, the bond of perfection. And let the peace of Christ control your hearts, the peace into which you were also called in one body. And be thankful. (Col 3:12-15)

What Can Our Communities Do Together? A joint review of the Black and Hispanic pastoral plans is a good starting point.

The Pastoral Plans

Key Features of the National Black Catholic Pastoral Plan

This plan was a culmination of the National Black Catholic Congress held in Washington, D.C. on May 21-24, 1987. During the two years of planning for the congress, an extensive consultation process took place in U.S. dioceses. Each diocese held a day of reflection to discern issues relating to evangelization of African Americans on the local level. Diocesan goals and objectives were collected from the participants and forwarded to a central planning committee, where common elements were transformed into a cohesive national evangelization plan.

The National Black Catholic Pastoral Plan was adopted by the full body of bishops in 1989 as a commitment to the African American community and as a pledge of support to the zeal of Black Catholics.

The plan embraces three broad areas: (1) the Catholic identity of African American Catholics, (2) ministry and leadership within the African American Catholic community, and (3) the responsibility of this community to reach out to the broader society. These areas include such issues as culture, family, youth, spirituality, liturgy, ministry, lay leadership, parishes, education, social action, and community development. The pastoral plan serves as a blueprint for evangelization, whereby the African American community becomes an active participant in the Church's work of evangelization.

evangelización—por medio del cual la comunidad afroamericana participa activamente en la obra de evangelización de la Iglesia.

Elementos claves del Plan Pastoral Nacional para el Ministerio Hispano

El plan hispano se desarrolló como un plan estratégico por medio de los tres encuentros nacionales. El Plan Pastoral Nacional para el Ministerio Hispano se fija particularmente en la Iglesia como misionera, comunitaria y participativa. Tiene cuatro prioridades pastorales: pastoral de conjunto, un proceso colaborativo e integrante que muestra un apostolado compartido abierto y responsable del bien común de sus miembros; evangelización, que reconoce, desarrolla, acompaña y apoya las pequeñas comunidades eclesiales y los grupos eclesiales que promueven experiencias de fe y conversión; opción misionera que promueve la fe y la participación efectiva en la vida y las estructuras de la Iglesia; y formación, hecha dentro del contexto cultural de la comunidad a quien se sirve y promueve el desarrollo de habilidades para la construcción del Reino de Dios.

El plan se elaboró con mucha participación de dirigentes laicos que trabajaban con el clero, religiosas y obispos en el sector diocesano, regional y nacional de la Iglesia y se desarrolló a lo largo de un proceso largo de dos años. El plan

✝ Sirve para formar, evangelizar, catequizar y capacitar a dirigentes laicos en la Iglesia dándoles sentido de ser titularios de la Iglesia y promoviendo la co-responsabilidad para la construcción del Reino de Dios.

✝ Promueve la solidaridad entre varias comunidades al implementar una visión común para la construcción del Reino de Dios y un proceso común a seguir—ver, juzgar, actuar, celebrar y evaluar.

✝ Ofrece lineamientos para los dirigentes pastorales y para los profesionales dentro de la Iglesia que buscan responder a las necesidades pastorales de los católicos hispanos.

✝ Respeta la inculturación—la relación entre fe y cultura—al dar a conocer a los fieles la palabra de Dios.

✝ Anima a los dirigentes laicos a hacerse responsables del apostolado entre ellos mismos.

✝ Es adaptable a cualquiera comunidad católica.

✝ Sirve como catalizador para la formación de nuevas organizaciones católicas hispanas—p. ej., teólogos, catequistas, músicos, el Concilio Nacional Católico para el Ministerio Hispano, la Asociación Nacional Católica de Directores Diocesanos para el Ministerio Hispano.

Recomendaciones específicas

Las siguientes recomendaciones específicas son algunos modos para avanzar juntos. Muchas de estas sugerencias vienen de las experiencias locales, parroquiales y diocesanas.

En la nación

✝ Continuar las reuniones de un grupo representativo de obispos hispanos y

Key Features of the National Pastoral Plan for Hispanic Ministry

The Hispanic plan evolved as a strategic plan from three national *encuentros*. The National Pastoral Plan for Hispanic Ministry emphasizes the Church as missionary, communitarian, and participatory. It has four pastoral priorities: *pastoral de conjunto*, a collaborative and integrating process that demonstrates a shared ministry that is open and co-responsible for the common good of its members; evangelization that recognizes, develops, accompanies, and supports small church communities and church groups that promote experiences of faith and conversion; a missionary option that promotes faith and effective participation in the life and structures of the Church; and formation, which is done in the cultural context of the community being served and promotes the development of skills to build the kingdom of God.

Developed with the strong participation of lay leaders working with clergy, women religious, and bishops at the diocesan, regional, and national levels of the Church, the plan evolved over a two-year process. The plan

- ✝ Serves to train, evangelize, catechize, and empower lay leaders in the Church, giving ownership of the Church to its participants and promoting a co-responsibility for building the kingdom of God.
- ✝ Promotes solidarity among various communities by implementing a common vision to build God's kingdom and a common process to follow—see, judge, act, celebrate, and evaluate.
- ✝ Provides guidelines for pastoral leaders and church professionals seeking to respond to the pastoral needs of Hispanic Catholics.
- ✝ Respects inculturation—the relationship between faith and culture—in making the word of God known to the faithful.
- ✝ Encourages lay leaders to take responsibility for ministering to their own.
- ✝ Is adaptable to any Catholic community.
- ✝ Serves as a catalyst for the formation of new Hispanic Catholic organizations—e.g., Hispanic theologians, catechists, musicians, the National Catholic Council for Hispanic Ministry, and the National Catholic Association of Diocesan Directors for Hispanic Ministry.

Specific Recommendations

The following are some specific recommendations of ways in which our Catholic communities can move forward together. Many of these suggestions come from local diocesan and parish experiences.

Nationally

- ✝ Continue meetings of a representative group of Hispanic and African American bishops during the fall and spring NCCB meetings.

afroamericanos durante las reuniones en otoño y primavera de la Conferencia Nacional de Obispos Católicos (NCCB).

✝ Asegurar que en cualquier junta nacional de un grupo, un obispo del otro grupo esté presente.

✝ Consultar unos con otros en cualquier evento nacional que pudiera tener un impacto significativo en una de nuestras comunidades o en ambas.

✝ Dar ejemplo de esfuerzos unidos con los obispos nativoamericanos y con los dirigentes pastorales asiáticoamericanos.

En la nación y las diócesis

✝ Animar a los obispos hispanos y negros para que se reúnan por lo menos una vez al año.

✝ Responder conjuntamente a la discriminación, especialmente cuando existe en los ministerios y en las estructuras eclesiales.

✝ Promover el diálogo entre los dirigentes afroamericanos e hispanos y apoyar la preparación intercultural para todos los que laboren en el ministerio, p. ej., en el Centro Cultural México Americano (MACC) de San Antonio, Texas y en el Instituto para Católicos Negros de Nueva Orleans.

✝ Aumentar las oportunidades para que los dirigentes afroamericanos e hispanos católicos, consultores y los miembros del personal se reúnan para examinar preocupaciones comunes, p. ej., campañas unidas para inscribir votantes, examinar condiciones de jóvenes encarcelados.

✝ Patrocinar días para dialogar sobre las relaciones interraciales y otros temas de interés mutuo.

✝ Juntos hacer actos de presencia en momentos de tensión y conflicto racial en la comunidad.

✝ Trabajar conjuntamente para apoyar las vocaciones al sacerdocio, al diaconado y a la vida religiosa, usando como guía la publicación *Future Full of Hope: A National Strategy for Vocations to the Priesthood and Religious Life in the Dioceses and Archdioceses of the United States* [Un futuro lleno de esperanza: Estrategia nacional para vocaciones al sacerdocio y a la vida religiosa en las diócesis y arquidiócesis de Estados Unidos].

✝ Examinar conjuntamente los procedimientos para el personal y la representación en las oficinas diocesanas y en las estructuras de consulta de la Iglesia.

✝ Organizar conjuntamente conferencias y talleres sobre preocupaciones mutuas para los seminaristas, p. ej., sobre el apostolado en los centros urbanos.

✝ Ofrecer conjuntamente talleres para los dirigentes juveniles de ambos grupos.

En la parroquia

✝ Animar a que se tengan reuniones informales de dirigentes parroquiales hispanos y afroamericanos para escuchar sus historias e intercambiar experiencias vividas, tanto de alegría como de tristeza.

✝ Apoyar encuentros de sacerdotes, diáconos, religiosos y religiosas, dirigentes laicos para que compartan su fe en un ambiente sin competencia ni amenazas.

✝ Ensure the attendance of a bishop from the other group at any national meeting of one group.

✝ Consult with each other on any national event that will have a significant impact on one or both of our communities.

✝ Model joint efforts with Native American bishops and Asian American pastoral leaders.

National and Diocesan Level

✝ Encourage Hispanic and Black bishops to jointly meet at least once a year.

✝ Jointly address issues of discrimination, especially when these issues exist in church ministries and structures.

✝ Foster dialogue between African American and Hispanic leaders and support cross-cultural training for everyone in ministry, e.g., at the Mexican American Cultural Center in San Antonio or the Institute for Black Catholics in New Orleans.

✝ Increase opportunities for African American and Hispanic Catholic leaders, resource persons, and staff members to come together to examine common concerns, e.g., sponsoring a joint voter registration campaign or examining conditions of incarcerated young persons.

✝ Sponsor days of dialogue to discuss race relations or other topics of mutual interest.

✝ Be visibly present together at times of community tension and racial conflict.

✝ Work together for support of vocations to the priesthood, the diaconate, and religious life, using *Future Full of Hope: A National Strategy for Vocations to the Priesthood and Religious Life in the Dioceses and Archdioceses of the United States* as a guide.

✝ Jointly examine staff patterns and representation in diocesan offices and consultative structures of the Church.

✝ Conduct joint seminars and workshops on mutual concerns for seminarians, e.g., on inner-city ministries.

✝ Sponsor joint workshops for youth leadership of both communities.

Parish Level

✝ Encourage informal gatherings of Hispanic and African American parish leaders to hear each other's stories and histories of joys as well as sorrows.

✝ Support the coming together of priests, deacons, religious, and lay leaders to talk about their faith in a noncompetitive, nonthreatening environment.

✝ Jointly examine religious and cultural ways in which marriage, raising children, and care for the elderly are appreciated by our people.

✝ Worship together at major liturgical events.

✝ Celebrate and appreciate each other's music and art.

✝ Come together to study the Gospel.

    a) Choose a specific gospel sentence.

    b) Discuss how it is lived in the challenge of everyday life.

✝ Examinar conjuntamente las tradiciones religiosas y culturales sobre el matrimonio, la educación de los hijos y el cuidado de los ancianos entre nuestra gente.

✝ Participar conjuntamente en eventos litúrgicos importantes.

✝ Celebrar y mostrar apreciación por la música y el arte de cada uno.

✝ Reunirse para estudiar el Evangelio.

    a) Escoger una frase tomada de los Evangelios.

    b) Dialogar cómo esa frase se vive frente al desafío de la vida diaria.

Dos programas que se han desarrollado para ayudarnos en nuestra colaboración son
— Building Bridges in Black and Brown basado en Detroit, Michigan.
— Racismo y Renovación de la Mente, Centro Cultural México Americano, San Antonio, Texas.

NOTAS

1. Constitución Dogmática sobre la Iglesia (*Lumen Gentium*) en *Concilio Vaticano II Constituciones, Decretos y Declaraciones*, n. 7.

2. Se han citado diferentes cifras al hablar del número y porcentaje de hispanoamericanos que son católicos.

La Encuesta General Social	72%
La encuesta de Andrew Greeley	70%
El estudio: Hispanos en Nueva York	85%

3. U.S. Census Bureau, Department of Commerce, *The Hispanic Population in the United States: March 1994*, Current Population Reports, PPL-26 (Washington, D.C.: U.S. Government Printing Office, 1995); *The Black Population in the United States: March 1994*, Current Population Reports, P20-480 (Washington, D.C.: U.S. Government Printing Office, 1995).

4. National Conference of Catholic Bishops, *Brothers and Sisters to Us* (*Nuestros Hermanos y Hermanas*). (Washington, D.C.: United States Catholic Conference, 1979), p. 1.

5. Ibid, p. 8.

6. U.S. Census Bureau, Department of Commerce, *Household and Family Characteristics: March 1992*, Current Population Reports, P20-467 (Washington, D.C.: U.S. Government Printing Office, 1993); *Educational Attainment in the United States: March 1995*, Current Population Reports, P20-489 (Washington, D.C.: U.S. Government Printing Office, 1996).

7. U.S. Census Bureau, Department of Commerce, *Poverty in the United States: March 1992*, Current Population Reports, P60-186 (Washington, D.C.: U.S. Government Printing Office, 1993).

8. Cyprian Davis, "Black Spirituality: A Catholic Perspective" en *One Lord, One Faith, One Baptism* (New York: Archdiocese of New York, 1988), págs. 46-47.

9. Papa Juan Pablo II, *Tertio Millennio Adveniente* (Washington, D.C.: United States Catholic Conference, 1994), no. 58.

10. Papa Pablo VI, *Evangelii Nuntiandi* (Washington, D.C.: United States Catholic Conference, 1976), no. 20.

Two programs developed to assist our collaboration are
— Building Bridges in Black and Brown, based in Detroit, Mich.
— Racism and Renewal of the Mind, Mexican American Cultural Center, San Antonio, Tex.

NOTES

1. "Constitution on the Church" in *Documents of Vatican II*, Walter M. Abbott, ed. (1989), p. 7.
2. Various figures have been given for the number and percentage of Hispanic Americans who are Catholic.

The General Social Survey	72%
Andrew Greeley	70%
Hispanics in New York	85%

3. U.S. Census Bureau, Department of Commerce, *The Hispanic Population in the United States: March 1994*, Current Population Reports, PPL-26 (Washington, D.C.: U.S. Government Printing Office, 1995); *The Black Population in the United States: March 1994*, Current Population Reports, P20-480 (Washington, D.C.: U.S. Government Printing Office, 1995).
4. National Conference of Catholic Bishops, *Brothers and Sisters to Us* (Washington, D.C.: United States Catholic Conference, 1979), p. 1.
5. Ibid, p. 8.
6. U.S. Census Bureau, Department of Commerce, *Household and Family Characteristics: March 1992*, Current Population Reports, P20-467 (Washington, D.C.: U.S. Government Printing Office, 1993); *Educational Attainment in the United States: March 1995*, Current Population Reports, P20-489 (Washington, D.C.: U.S. Government Printing Office, 1996).
7. U.S. Census Bureau, Department of Commerce, *Poverty in the United States: March 1992*, Current Population Reports, P60-186 (Washington, D.C.: U.S. Government Printing Office, 1993).
8. Cyprian Davis, "Black Spirituality: A Catholic Perspective" in *One Lord, One Faith, One Baptism* (New York: Archdiocese of New York, 1988), pp. 46-47.
9. Pope John Paul II, *On the Coming of the Third Millennium (Tertio Millennio Adveniente)* (Washington, D.C.: United States Catholic Conference, 1994), no. 58.
10. Pope Paul VI, *Evangelization in the Modern World (Evangelii Nuntiandi)* (Washington, D.C.: United States Catholic Conference, 1976), no. 20.

APÉNDICE A

CONTEXTO HISTÓRICO

APPENDIX A

HISTORICAL CONTEXT

Ministerio Hispano
en los Estados Unidos

El Evangelio se introdujo en este continente y en este hemisferio hace más de 500 años. Por lo tanto, el ministerio con los hispanos y con los pueblos indígenas ha sido un proceso continuo y una parte integral de nuestra historia de la Iglesia en las Américas. En tiempos más recientes, el ministerio con los hispanos se estableció en las diócesis para responder a las necesidades pastorales y sociales de sus comunidades. En algunas diócesis, se establecieron oficinas de ministerio al empezar el siglo. En muchas diócesis del oeste y del suroeste, se establecieron Consejos para los hispanos en las décadas de 1940 y 1950.

La National Catholic Welfare Conference (título anterior de National Catholic Conference of Bishops o Conferencia Nacional de Obispos Católicos) estableció el primer Comité de Obispos para los Hispano-parlantes en 1945 bajo la dirección del Arzobispo Roberto E. Lucey, de San Antonio, Texas. El fin principal del Comité era responder a las necesidades de los trabajadores migrantes del suroeste. La oficina estaba situada en San Antonio.

Cuando se estableció ese Comité de los Obispos, la comunidad hispana se encontraba establecida especialmente en los estados que lindan con México. Pero también se veía un buen número de hispanos en otras partes del país: el medio-oeste, el noreste y la Florida.

En general, la población era relativamente pequeña y en su mayoría pobre. Muchos de los trabajadores recibían un salario bajo, vivían en casas inadecuadas, no tenían cuidados médicos, recibían poca instrucción, tenían pocas oportunidades para ir a la escuela, poco apoyo y poca ayuda. Muchos trabajadores habían venido a los Estados Unidos como *braceros* dentro del programa patrocinado por el gobierno federal (*Bracero Program*), que se estableció como una fuerza laboral contratada para apoyar la industria agrícola durante y después de la Segunda Guerra Mundial. Obviamente, las necesidades de los campesinos se intensificaron durante este período.

Las muchas necesidades sociales y pastorales en diferentes partes del país obligaron a los hispanos a formar nuevas asociaciones laicas y eclesiales. Estas asociaciones fueron

Hispanic Ministry in the United States

The Gospel was introduced to this continent and to this hemisphere more than 500 years ago. As such, ministry to the Spanish-speaking and to native peoples has been an ongoing process and an integral part of our Church's history in the Americas. In more recent times, ministry to the Spanish-speaking was established by dioceses to respond to the pastoral and social concerns of their particular Spanish-speaking communities. In some dioceses, ministry offices were established at the turn of the century. In many western and southwestern dioceses, Spanish-speaking councils were established in the 1940s and 1950s.

The first Bishops' Committee for the Spanish-Speaking was established in 1945 under the leadership of Archbishop Robert E. Lucey of San Antonio by the National Catholic Welfare Conference. The primary focus of the committee was the plight of migrant workers in the southwest. Its office was located in San Antonio.

At the time the bishops' committee was established, the Spanish-speaking community was largely settled in the states bordering Mexico. Other parts of the country also seeing a significant Hispanic presence were the Midwest, the Northeast, and Florida.

In general, the population was relatively small and largely poor. Most workers received low wages, lived in substandard housing, lacked medical care, had little education or educational opportunity, and received little support or assistance. Many workers had come to the United States as *braceros* in the federally sponsored Bracero Program, which was established as a contracted labor force to support the agricultural industry during and after World War II. Needless to say, the plight of the farm workers intensified during this period.

Many social and pastoral needs in different parts of the country moved Hispanics to form new secular and ecclesial associations. These important associations were used by the Spanish-speaking community as vehicles for a more proactive participation in public policy issues and in meeting the many social service needs facing their families and communities. The Church responded by continuing to provide social services and later by

importantes y las comunidades las usaron como medios para una participación más activa en cuestiones de normas públicas y para responder a las necesidades sociales con que se enfrentaban las familias y dichas comunidades. La Iglesia respondió ofreciendo servicios sociales, y más tarde, estableciendo y proporcionando fondos a oficinas diocesanas y regionales e institutos pastorales para coordinar mejor los esfuerzos del ministerio hispano.

Dentro de este ambiente afirmativo y de apoyo, la Iglesia estableció una oficina para el ministerio de la comunidad hispana que llegó más allá de las preocupaciones regionales. En 1968, con la reorganización de National Catholic Welfare Conference, la oficina nacional del Comité de los Obispos para los Hispano-parlantes cambió a ser la Sección de los Hispano-parlantes, dentro del Departamento de Desarrollo Social en la nueva Conferencia Nacional de Obispos Católicos.

En 1971, la oficina se cambió a Washington, D.C. La tarea del director nacional era ir más allá de las preocupaciones sociales y materiales a las pastorales; aumentar el personal para cumplir con los desafíos que se presentaban; colaborar con las organizaciones nacionales e invitarlas a asociarse en la presente tarea. El desafío para la oficina nacional era ayudar a la Iglesia en su respuesta a las necesidades pastorales y sociales del creciente número de católicos hispanos. Su misión era abogar por las necesidades pastorales, y en los temas de normas públicas que afectaban la vida de las comunidades hispanas. En junio de 1972, estos conceptos se convirtieron en prioridades y en las bases del *Primer Encuentro Nacional Hispano de Pastoral*. Según el Papa Pablo VI, el primer *Encuentro* "fue fuente de tantas esperanzas y tanto entusiasmo".

Las *Conclusiones del Primer Encuentro* pedían "mayor participación de los hispano-parlantes en puestos de liderazgo y donde se hacen las decisiones dentro de la Iglesia de Estados Unidos". Además, pedían que se establecieran centros regionales y pastorales, y que se coordinaran nacionalmente, con el fin de investigar y reflexionar para desarrollar programas de formación para dirigentes cristianos en todos los ámbitos de la Iglesia. Las conclusiones de los participantes en el Encuentro afirman que "convencidos de la unidad de la Iglesia estadounidense" y de los valores de nuestra herencia, nos sentimos "movidos por el Espíritu a compartir la responsabilidad en el crecimiento del reino" entre los hispano-parlantes y los pueblos de Estados Unidos.

En el período que siguió al *Primer Encuentro* se vio el aumento de obispos hispanos, la colaboración con los obispos no-hispanos, la renovación de sacerdotes y religiosos/religiosas hispanos y los pro-hispanos, la revitalización de los movimientos apostólicos y el alentador aumento de pequeñas comunidades cristianas.

El 10 de enero de 1975, la Sección de los Hispano-parlantes se convirtió en el Secretariado para Asuntos Hispanos. Inmediatamente, durante su primer año de existencia, el Comité de Obispos convocó el *Segundo Encuentro Nacional* para responder a la necesidad de una "orientación pastoral más concreta para la Conferencia Nacional de Obispos Católicos (NCCB)". El año siguiente, el secretariado nacional aprovechó el Congreso Internacional Eucarístico, que se reunía en Filadelfia, para tener una junta de líderes en el ministerio nacional para consultar y decidir las prioridades, particularmente

establishing and funding pastoral institutes and diocesan and regional offices to better coordinate Hispanic pastoral ministry efforts.

Within this affirming and supportive climate, the Church established an office for ministry to the Spanish-speaking community that went beyond regional concerns. In 1968, with the reorganization of the National Catholic Welfare Conference, the national office of the Bishops' Committee for the Spanish-Speaking became the Division for the Spanish-Speaking, which was under the Department of Social Development of the National Conference of Catholic Bishops (NCCB).

In 1971 the office was moved to Washington, D.C. The task of the national director was to move beyond social and material concerns to the pastoral, to increase the size of the staff to carry out the challenging work ahead, to collaborate with national organizations, and to invite them to become partners in the task at hand. The challenge of the national office was to assist the Church in its response to the pastoral and social needs of a growing number of Hispanic Catholics. Its mission was to serve as an advocate for pastoral needs and for public policy issues impacting the life of the Spanish-speaking community. In June 1972, these concepts became the priorities and the basis for the *Primer Encuentro Nacional Hispano de Pastoral*. According to Pope Paul VI, the first *encuentro* "aroused so much enthusiasm and so many expectations."

The *Conclusions of the First Encuentro* called for "greater participation of the Spanish-speaking in leadership and decision-making roles at all levels within the American Church." Further, it called for regional and pastoral centers to be established and coordinated nationally for the purpose of research and reflection and for programs of Christian leadership formation at all levels of the Church. The participants of the *encuentro* stated that "being convinced of the unity of the American Church" and of the values of the heritage, they were "impelled by the Spirit to share responsibility for the growth of the kingdom" among the Spanish-speaking and the peoples of the United States.

> *The period following the* Primer Encuentro *saw an increase in the number of Hispanic bishops, collaboration with non-Hispanic bishops, renewal of Hispanic and pro-Hispanic priests and religious, revitalization of the apostolic movements, and the hopeful increase of small Christian communities.*

The period following the *Primer Encuentro* saw an increase in the number of Hispanic bishops, collaboration with non-Hispanic bishops, renewal of Hispanic and pro-Hispanic priests and religious, revitalization of the apostolic movements, and the hopeful increase of small Christian communities.

las de la gente de base en las comunidades hispanas. "Sobresalieron tres prioridades: unidad en el pluralismo, educación integral y cambio social (especialmente para promover mayor respeto para los hispanos). Cada prioridad ponía atención especial a los líderes y a la juventud" (*Proceedings of the II Encuentro Nacional Hispano de Pastoral*, p. 24).

Los participantes en la reunión nacional fijaron el verano de 1977 para la fecha del Segundo Encuentro. Se estableció el Comité Nacional Coordinador formado por el personal del secretariado y por los directores regionales. También incluía a las cabezas de las organizaciones nacionales católicas. En enero de 1977, el Comité *Ad Hoc* de los Obispos para los de Habla Hispana apoyó y aprobó el Encuentro.

En las diferentes juntas de planificación que llevaron al Encuentro, el Comité Nacional Coordinador pronto descubrió que la "fuerza principal del proceso se encontraba en la iglesia diocesana". El número de oficinas diocesanas para los hispanos había crecido de treinta en 1972 a más de cien en 1977. Se incluyó a los directores diocesanos en el proceso de planificación y se les invitó a una Junta Nacional de Directores Diocesanos para el Apostolado Hispano. Ochenta y dos directores diocesanos participaron. Se escogió el lema: Pueblo de Dios en Marcha, y se tomó como himno oficial, "Somos un Pueblo que Camina". El tema fue la evangelización y cinco tópicos adicionales relacionados con las actividades que describen el concepto de Iglesia que los participantes buscaban y que incluyó *ministerios, derechos humanos, educación integral, responsabilidad política,* y *unidad en el pluralismo*. Más de cien mil personas de todas partes del país participaron en el proceso (*Proceedings of the II Encuentro Nacional Hispano de Pastoral*, p. 26).

En 1967 se estableció la Oficina Regional del Medio-Oeste y luego en 1972 se fundó el Centro Cultural México-Americano (MACC) para ayudar en la formación, entrenamiento y desarrollo de personal diocesano y dirigentes pastorales. En 1974 se estableció el Centro Pastoral para los Hispanos del Noreste (ahora Centro Pastoral Católico para los Hispanos del Noreste) en Nueva York (*Hispanic Ministry: Three Major Documents*, 1995, p. 29). Pero el período que siguió al Segundo Encuentro en 1977, vio la apertura de cinco oficinas regionales nuevas para el ministerio hispano. Las nuevas oficinas se establecieron en el Sureste en 1978, en el Oeste Lejano en 1979, en el Noroeste en 1981, en el Norte Central en 1982 y en los Estados Montañosos en 1984. Estas oficinas y estructuras regionales fueron de gran apoyo para el apostolado hispano y continúan siendo parte integral del ministerio hispano hoy.

Además, durante el *Segundo Encuentro* se creó un "National Youth Task Force" que se convirtió en el *Comité Nacional Hispano de Pastoral Juvenil*. Hoy día ya no existe esta organización, aunque varias veces se ha tratado de volverla a formar. En 1987 la Conferencia Nacional de Obispos Católicos reorganizó y colocó a los jóvenes dentro del Secretariado para los Laicos y la Vida de Familia. En lugar del *Comité*, las oficinas regionales y diocesanas se han hecho responsables de coordinar el ministerio con la juventud hispana.

La buena colaboración con las organizaciones nacionales católicas hispanas durante el *Segundo Encuentro* comprobó ser un ejercicio valioso para el ministerio pastoral. Los dirigentes nacionales fueron una ayuda invaluable para el Comité *Ad Hoc* y para el

On January 1, 1975, the Division for the Spanish-Speaking became the Secretariat for Hispanic Affairs. Within its first year of existence, the bishops' committee called for a *Segundo Encuentro Nacional* to respond to a need for a "more concrete pastoral orientation to the NCCB." The following year, the national secretariat took advantage of the International Eucharistic Congress in Philadelphia to convene a meeting of national ministry leaders to consult and determine priorities, particularly those of the grassroots Hispanic community. "Three priorities surfaced: unity in pluralism, integral education, and social change (especially in establishing greater respect for Hispanos). Each priority gave special attention to leaders and youth" (*Proceedings of the II Encuentro Nacional Hispano de Pastoral*, p. 64).

The participants at the national gathering set the summer of 1977 as the date for the *Segundo Encuentro*. A national coordinating committee was established, consisting of the secretariat staff and the regional directors. Also included were the heads of the national Catholic Hispanic organizations. In January 1977, the Ad Hoc Committee of Bishops for the Spanish-Speaking supported and endorsed the *encuentro*.

In various planning meetings leading up to the *encuentro*, the national coordinating committee quickly discovered that the "principal strength of the process was found in the diocesan Church." The number of diocesan offices for the Spanish-speaking had grown from thirty in 1972 to more than one hundred in 1977. The diocesan directors were included in the planning process and invited to the National Meeting of Diocesan Directors of the Hispanic Apostolate. Eighty-two diocesan directors participated. The motto chosen was *Pueblo de Dios en Marcha* and the official hymn chosen was *Somos un Pueblo que Camina*. The theme was evangelization, as well as five additional topics related to activities describing the concept of Church: ministries, human rights, integral education, political responsibility, and unity in pluralism. More than one hundred thousand people from all parts of the country participated in the process (*Proceedings of the II Encuentro Nacional Hispano de Pastoral*, pp. 65-66).

In 1967 the Midwest Regional Office and in 1972 the Mexican American Cultural Center were established to assist in the formation, training, and development of diocesan staffs and pastoral leaders. In 1974 the Northeast Catholic Pastoral Center for Hispanics was established in New York (*Hispanic Ministry: Three Major Documents*, p. 29). But the period following the *Segundo Encuentro* of 1977 saw the opening of five new regional offices for Hispanic ministry. The new offices were established in the Southeast in 1978, the far West in 1979, the Northwest in 1981, the North Central states in 1982, and the Mountain states in 1984. These offices and regional structures were a great support to the Hispanic apostolate and continue to be an integral part of Hispanic ministry today.

In addition, during the *Segundo Encuentro*, a national youth task force was created that became the *Comité Nacional Hispano de Pastoral Juvenil*. This organization no longer exists, though there have been attempts to re-establish it. In 1987 the NCCB reorganized and placed youth under the Secretariat for Laity and Family Life. In place of the *Comité*, regional and diocesan offices have taken on the responsibility of coordinating Hispanic youth ministry.

Secretariado para Asuntos Hispanos. Todos los participantes sacaron mucho provecho de la coordinación nacional. Vieron la necesidad de mantenerse en contacto y de continuar colaborando con el fin de implementar las prioridades pastorales hispanas nacionales.

Como resultado de la necesidad de seguir reuniéndose, el Comité Nacional de Consultores (*National Advisory Committee - NAC*) fue creado por la Conferencia Nacional de Obispos Católicos en 1978 para asistir al Secretariado para Asuntos Hispanos. Sus miembros incluían a los directores y coordinadores de la oficinas y organizaciones regionales, a los presidentes de los institutos pastorales, los presidentes de movimientos apostólicos y los líderes de organizaciones católicas hispanas, como PADRES, HERMANAS, Comité Juvenil, Instituto de Liturgia Hispana y el Ministerio Nacional para los Campesinos. Cuando cambió el Comité *Ad Hoc* de los Obispos a ser un Comité Permanente, en 1987, el *NAC* fue anulado en 1990 para adaptarlo a la estructura de los comités permanentes de la Conferencia Nacional de Obispos Católicos (*NCCB/USCC*).

Los Obispos Hablan con la Virgen: Carta Pastoral de los Obispos Hispanos de los Estados Unidos se publicó en 1982. Era un mensaje de nuestro peregrinar en la historia, nuestra realidad, sobre el hecho de que somos artesanos de una nueva humanidad, y nuestra peregrinación con alegría, valor y esperanza. En 1983, todos los Obispos escribieron una carta pastoral sobre el ministerio hispano titulada: *La Presencia Hispana: Esperanza y Compromiso*. En este documento, los obispos de los Estados Unidos hicieron un llamado al ministerio hispano y afirmaron sus logros, enumeraron las urgentes implicaciones pastorales y declararon su compromiso. Lo más importante de esa carta fue que los obispos convocaron a un III Encuentro y pidieron que se analizaran las conclusiones como la base para el *Plan Pastoral Nacional para el Ministerio Hispano*.

Los obispos pidieron al "pueblo hispano que eleve su voz profética una vez más, como lo hizo en 1972 y 1977, en un III Encuentro Nacional Hispano de Pastoral, para que juntos podamos asumir responsablemente nuestros compromisos. Pedimos que se inicie el proceso para que tenga lugar un encuentro, desde las comunidades eclesiales de base y las parroquias pasando por las diócesis y regiones, hasta el nivel nacional, para culminar en una reunión de representantes en Washington, D.C., en agosto de 1985". Además, afirmaron que reconocían "que la planificación pastoral integral debe evitar adaptaciones meramente superficiales de los ministerios existentes" (*Hispanic Ministry: Three Major Documents*, 1995, p. 19).

El Comité Ad Hoc de los Obispos para Asuntos Hispanos propuso cuatro objetivos para el Tercer Encuentro: a) evangelizar; b) formar dirigentes por medio del proceso mismo; c) desarrollarlo por necesidad desde la gente de base y d) fijarse especialmente en las dimensiones diocesanas y regionales del proceso. El quinto objetivo salió del *Plan Pastoral Nacional*. Las oficinas regionales, los institutos pastorales, el Comité Nacional de Consultores, y representantes de los equipos promotores diocesanos diseñaron un proceso que preservó el modelo de comunión y participación.

El tema seleccionado fue *Pueblo Hispano: Voz Profética*, tomado de la carta pastoral *La Presencia Hispana: Esperanza y Compromiso*. Se aprobaron unas "Líneas Proféticas

Ken A. Huth

The successful collaboration with national Hispanic Catholic organizations during the *Segundo Encuentro* proved to be a valuable exercise for pastoral ministry. The national leaders proved to be an asset to the ad hoc committee and to the Secretariat for Hispanic Affairs. All the participants benefited from the national coordination. They saw a need to keep in contact and to continue to collaborate for the purpose of implementing national Hispanic pastoral priorities.

As a result of the need to continue meeting, the National Advisory Committee (NAC) was created by the NCCB in 1978 to assist the Secretariat for Hispanic Affairs. Its members included the directors and coordinators of the regional offices and organizations, presidents of the pastoral institutes, presidents of the apostolic movements, and heads of Hispanic Catholic organizations, such as PADRES, HERMANAS, Comité Juvenil, Instituto de Liturgia Hispana, and the National Farmworker Ministry. With the change of the ad hoc committee of bishops to a standing committee in 1987, the NAC was dissolved in 1990 to adapt to the structure of NCCB/USCC permanent committees.

The Bishops Speak with the Virgin: A Pastoral Letter of the Hispanic Bishops of the U.S. was published in 1982 as a message of our pilgrimage throughout history, our reality, our role as artisans of a new humanity, and our pilgrimage with joy, courage, and hope. In 1983, the body of bishops issued a pastoral letter on Hispanic ministry titled *The Hispanic Presence: Challenge and Commitment*. In this document, the bishops of the United States made a call to Hispanic ministry, affirmed its achievements, listed urgent pastoral implications, and made a statement of commitment. Most importantly, in their letter, the bishops called for a *III Encuentro* and for the conclusions to be reviewed as a basis for a *National Pastoral Plan for Hispanic Ministry*.

The bishops asked "our Hispanic peoples to raise their prophetic voices once again, as they did in 1972 and 1977, in a *III Encuentro Nacional Hispano de Pastoral*, so that together we can face our responsibilities well. We call for the launching of an *Encuentro* process, from *comunidades eclesiales* and parishes, to dioceses and regions, and to the national level, culminating in a gathering of representatives in Washington, D.C. in August 1985." Further, they stated that they recognized "that integral pastoral planning must avoid merely superficial adaptations of existing ministries" (*Hispanic Ministry: Three Major Documents*, p. 18).

Pastorales" prácticas que sirven "de guías básicas, de dirección fundamental de nuestra acción pastoral" (*Hispanic Ministry: Three Major Documents*, p. 33).

El libro, *Voces Proféticas,* se publicó en 1986 para documentar el contexto histórico, el proceso, los compromisos, lo que se debía hacer después, la reflexión pastoral y las conclusiones del *III Encuentro Nacional Hispano de Pastoral*.

Las "Líneas Proféticas Pastorales" incluyen: la familia como centro del ministerio pastoral, la opción preferencial y la solidaridad con los pobres, la opción preferencial por la juventud hispana, la resolución de trabajar según la pastoral de conjunto y seguir el camino pastoral de una Iglesia evangelizadora y misionera. Las "líneas" se diseñaron para promover el liderazgo hispano y "una línea de educación integral sensible a nuestra identidad cultural" que promueve y ejemplifica la justicia, y valora y promueve a la mujer "reconociendo su igualdad y dignidad, y su papel en la Iglesia, la familia y la sociedad" (*Hispanic Ministry: Three Major Documents*, p. 33).

El *Plan Pastoral Nacional para el Ministerio Hispano* (NPPHM), aprobado por la Conferencia Nacional de Obispos Católicos (NCCB) en 1987, promueve un modelo de Iglesia que es comunitaria y participativa. El "Objetivo General" declara profética y poéticamente la visión de la Iglesia que los dirigentes y agentes pastorales tanto hispanos como no hispanos han desarrollado y en la que han participado por muchas décadas. Aunque hay muchos nuevos dirigentes y profesionales pastoralistas que no han estado involucrados en el proceso pastoral hispano en los últimos 25 años, la visión es todavía muy relevante porque viene de la comunidad hispana. De muchas maneras, la Iglesia ha afirmado y apoyado el ministerio hispano durante este proceso, aunque no tanto como se esperaba. El propósito del proceso ha sido siempre el formar a dirigentes pastorales que sean responsables de compartir la Buena Nueva y participar en el proceso de la construcción del Reino de Dios, sin fijarse en edad, cultura, posición económica, o sexo.

"Vivir y promover. . . mediante una Pastoral de Conjunto, un modelo de Iglesia que sea: comunitaria, evangelizadora y misionera, encarnada en la realidad del pueblo hispano y abierta a la diversidad de culturas, promotora y ejemplo de justicia. . . que desarrolle liderazgo por medio de la educación integral . . . que sea fermento del Reino de Dios en la sociedad" es un desafío para todos los cristianos. Por medio de las cuatro "Dimensiones específicas" del Plan Pastoral: *Pastoral de Conjunto, Evangelización, Opción Misionera* y *Formación,* y con los programas y proyectos delineados, la estrategia para implementar el ministerio hispano está en manos de la Iglesia. Desde 1987, cuando la NCCB aprobó el Plan Pastoral, el ministerio hispano ha tenido el mandato de implementar el modelo de Iglesia en el que tantos han participado y vivido.

Hoy día, la implementación del Plan Pastoral Nacional es integral al trabajo del Secretariado para Asuntos Hispanos de la NCCB/USCC, las cuatro oficinas regionales, las cuatro asociaciones regionales, y más de 140 directores y coordinadores diocesanos para el ministerio hispano en los Estados Unidos. Otros departamentos y secretariados del NCCB/USCC, así como la mayoría de las asociaciones y organizaciones eclesiales nacionales y regionales, que trabajan en el ministerio hispano, utilizan el Plan Pastoral como guía y medida para desarrollar su ministerio particular. El Comité de los Obispos

Four objectives for the *III Encuentro* were proposed by the Ad Hoc Committee of Bishops on Hispanic Affairs: (a) evangelizing, (b) forming leaders through the process itself, (c) developing by necessity from the grassroots, and (d) giving emphasis to the diocesan and regional dimensions of the process. A fifth objective came from *A National Pastoral Plan*. The regional offices, the pastoral institutes, the National Advisory Committee, and representatives from the diocesan promotional teams helped design the process, which aimed to preserve the model of communion and participation.

The theme selected was *Pueblo Hispano: Voz Profética*, which came from the bishops' pastoral letter *The Hispanic Presence: Challenge and Commitment*. Practical "Prophetic Pastoral Guidelines" were approved and became the "basic guidelines, the fundamental direction" for Hispanic pastoral ministry (*Hispanic Ministry: Three Major Documents*, p. 33).

Prophetic Voices was published in 1986 as the document on the historical context, process, commitments, follow-up, pastoral reflection, and conclusions of the *III Encuentro Nacional Hispano de Pastoral*.

The "Prophetic Pastoral Guidelines" included family as the core of pastoral ministry, a preferential option for and in solidarity with the poor, a preferential option for Hispanic youth, and a resolution to follow *pastoral de conjunto* and the pastoral approach of an evangelizing and missionary Church. The "guidelines" were designed to promote Hispanic leadership and a "line of integral education that is sensitive to cultural identity, promotes and exemplifies justice, and values and promotes women in equality, dignity and in their role in the Church, the family, and society" (*Hispanic Ministry: Three Major Documents*, p. 33).

The National Pastoral Plan for Hispanic Ministry (NPPHM), approved by the NCCB in 1987, promotes a model of Church that is communitarian and participatory. The "General Objective" prophetically and poetically states the vision of Church that Hispanic and non-Hispanic Catholic leaders and pastoral agents have developed and participated in for many decades. Though there are many new leaders and church professionals who have not been involved in the Hispanic pastoral process during the last twenty-five years, the vision is still very relevant for it comes from the Hispanic community. To a large degree, Hispanic ministry has been affirmed and supported by the Church during this process, though not always to the degree expected. The purpose of the process has always been to develop responsible pastoral leaders to share the Good News and to participate in the process of building the kingdom of God, regardless of age, culture, economic status, or gender.

"To live and promote . . . by means of a *Pastoral de Conjunto* a model of Church that is: communitarian, evangelizing, and missionary, incarnate in the reality of the Hispanic people and open to the diversity of cultures, a promoter of justice . . . that develops leadership through integral education . . . that is leaven for the kingdom of God in society" is the challenge all Christians must face. Through the four "Specific Dimensions" of the Pastoral Plan, *pastoral de conjunto*, evangelization, missionary option, and formation, and with the programs and projects delineated, the Hispanic ministry implementation

para Asuntos Hispanos, y el Secretariado para Asuntos Hispanos colaboran muy de cerca con toda esta red de trabajo pastoral.

REFERENCIAS

CELAM. *Santo Domingo: Nueva Evangelización, Promoción Humana, Cultura Cristiana.* Santafé de Bogotá, Columbia: Ediciones Paulinas, FSP-SAL, 1992.

Galerón, S., R.M. Icaza, R. Urrabazo, eds. *Visión Profética: Reflexiones Pastorales sobre el Plan Pastoral Nacional para el Ministerio Hispano.* Kansas City, Mo.: Sheed and Ward and the Mexican American Cultural Center, 1992.

National Conference of Catholic Bishops. *Conclusiones: Primer Encuentro Nacional Hispano de Pastoral.* Washington, D.C.: United States Catholic Conference, 1972.

———. *Hispanic Ministry: Three Major Documents* (*La Presencia Hispana: Esperanza y Compromiso* [1983], *Plan Pastoral Nacional para el Ministerio Hispano* [1987], *Voces Proféticas: El Documento del Proceso del III Encuentro Nacional Hispano de Pastoral* [1986]), edición bilingüe. Washington, D.C.: United States Catholic Conference, 1995.

———. *Strangers and Aliens No Longer, Part One.* Washington, D.C.: United States Catholic Conference, 1993.

U.S. Census Bureau, Department of Commerce. *Hispanic Americans Today.* Current Population Reports, P23-183. Washington, D.C.: U.S. Government Printing Office, 1993.

———. *The Hispanic Population in the United States: March 1994.* Current Population Reports, PPL-26. Washington, D.C.: U.S. Government Printing Office, 1995.

———. *Statistical Abstract of the United States: 1992,* 112th ed. Washington, D.C.: U.S. Government Printing Office, 1992.

strategy is in the hands of the Church. Since 1987, when the Pastoral Plan was approved by the NCCB, Hispanic ministry has had a mandate to implement the model of Church that so many participated in and experienced.

Today, the implementation of the National Pastoral Plan is integral to the work of the NCCB Secretariat for Hispanic Affairs, the four regional offices and four regional associations, and the more than 140 diocesan directors and coordinators for Hispanic ministry in the United States. Other NCCB/USCC departments and secretariats, as well as most national and regional ecclesial associations and organizations working in Hispanic ministry, utilize the pastoral plan as their guideline and measure in developing their particular ministry. The Bishops' Committee on Hispanic Affairs and the Secretariat for Hispanic Affairs collaborate closely with this pastoral network.

RESOURCES

CELAM. *Santo Domingo: Nueva Evangelización, Promoción Humana, Cultura Cristiana.* Santafé de Bogotá, Columbia: Ediciones Paulinas, FSP-SAL, 1992.

National Conference of Catholic Bishops. *Conclusiones: Primer Encuentro Nacional Hispano de Pastoral.* Washington, D.C.: United States Catholic Conference, 1972.

———. *Hispanic Ministry: Three Major Documents,* bilingual ed. Washington, D.C.: United States Catholic Conference, 1995.

———. *Strangers and Aliens No Longer, Part One.* Washington, D.C.: United States Catholic Conference, 1993.

U.S. Census Bureau, Department of Commerce. *Hispanic Americans Today.* Current Population Reports, P23-183. Washington, D.C.: U.S. Government Printing Office, 1993.

———. *The Hispanic Population in the United States: March 1994.* Current Population Reports, PPL-26. Washington, D.C.: U.S. Government Printing Office, 1995.

———. *Statistical Abstract of the United States: 1992,* 112th ed. Washington, D.C.: U.S. Government Printing Office, 1992.

Catolicos Negros en los Estados Unidos

A través de peligros, fatigas y trampas
he pasado ya;
la gracia de Dios me ha mantenido salvo
hasta aquí. Y su gracia me llevará a casa.
Amazing Grace, Verso 4

El 10 de julio de 1793, seis barcos llegaron de la isla Hispaniola que ahora se conoce como Haití y la República Dominicana trayendo a los negros que formarían el núcleo de la comunidad creyente negra. Esta comunidad se estableció en el Seminario de Santa María en la calle Paca en Baltimore que luego sería la primera parroquia católica negra en Estados Unidos. Los jesuitas establecieron la parroquia de San Francisco Javier en 1864. Antes de la llegada de estos barcos ya había 3,000 esclavos católicos en Maryland y en 1800 había grandes comunidades de católicos negros en el sur de Maryland, en el sur de Louisiana, en el sur de Missouri y en el oeste de Kentucky.

Aunque la comunidad católica no estaba exenta del mal de la esclavitud, aun durante esos días difíciles los católicos negros perseveraban. En 1829 la comunidad haitiana, que se reunía en la capilla de la planta baja del Seminario de Santa María en Baltimore, creó la primera comunidad religiosa estadounidense negra. Elizabeth Lange, una haitiana, pidió la ayuda de otras tres mujeres negras para enseñar a los niños. En 1831, el papa Gregorio XVI dió su aprobación a las Hermanas Oblatas de la Providencia. A pesar del constante racismo y sexismo de esos tiempos, las Hermanas Oblatas de la Providencia establecieron escuelas y orfanatos para niños negros. En 1842, Henriette Delille fundó a las Hermanas de la Sagrada Familia en Nueva Orleans, Louisiana, a pesar de inmensas dificultades. Las Hermanas de la Sagrada Familia servían y educaban a los esclavos y a los pobres negros de la ciudad. Establecieron un hospicio para los enfermos pobres, pero a

Black Catholics in the United States

Through many dangers, toils and snares,
I have already come;
Tis grace has brought me safe thus far,
And grace will lead me home.
Amazing Grace, Verse 4

On July 10, 1793, six ships arrived from what is now known as Haiti and the Dominican Republic bringing Blacks who would form the nucleus of the Black worshiping community. This community, which was established at St. Mary's Seminary on Paca Street in Baltimore, would later become the first Black Catholic parish in the United States. St. Francis Xavier Parish was established by the Jesuits in 1864. Several years prior to the landing of these ships, there were 3,000 Catholic slaves in Maryland, and by 1800 there were sizeable communities of Black Catholics in southern Maryland, southern Louisiana, southern Missouri, and western Kentucky.

Although the Catholic community was not exempt from the evil of slavery, even during those trying times Black Catholics seemed to persevere. In 1829 the Haitian community, which met in the lower chapel of St. Mary's Seminary in Baltimore, produced the first Black American religious community. Elizabeth Lange, a Haitian, enlisted the help of three other Black women to teach the children. In 1831 the Oblate Sisters of Providence were approved by Pope Gregory XVI. Despite the constant racism and sexism of the day, the Oblate Sisters of Providence established schools for Black children and a home for Black orphans. In 1842 the Sisters of the Holy Family were founded by Henriette Delille in New Orleans, despite unsurmountable odds. The Sisters of the Holy Family ministered to and educated slaves and the poor Blacks of the city. They established a hospice for the sick poor, nursed the sick in their homes, established an orphanage, and

otros los cuidaban en sus casas; establecieron un orfanato, y más adelante, fundaron una escuela para niñas de familias negras emancipadas. Hoy no hay congregaciones negras para hombres, sin embargo hay congregaciones que ejercen su ministerio en las comunidades negras.

El siglo XIX presentó las primeras oportunidades para que los negros se establecieran en la Iglesia Católica Romana. En los últimos años de 1800, los tres hermanos Healy, hijos de un dueño de esclavos y de su esclava, llegaron a ser sacerdotes. James A. Healy, ordenado en París en 1854, fue un sacerdote de la diócesis de Boston y más tarde fue nombrado Obispo de Portland, Maine en 1875; Alexander Sherwood Healy fue ordenado sacerdote en 1858 y también se le asignó a la diócesis de Boston y Patrick F. Healy, que entró con los jesuitas, hizo sus estudios en Louvain y fue ordenado sacerdote en 1865. Más tarde, el Padre Patrick Healy llegó a ser presidente de la Universidad de Georgetown, aunque mantuvo su identidad negra en secreto. Healy nunca se identificó con la comunidad católica negra ni en sus acciones ni en sus relaciones. El primer sacerdote reconocido como negro que se identificó completamente con la comunidad católica negra fue Augustus Tolton, que había sido esclavo. A pesar de alguna oposición, el P. Tolton se ordenó en Roma en 1886 y se le asignó a Alton, Illinois. El Padre Tolton dedicó su tiempo a predicar, enseñar, hablar, escribir y estar presente con su pueblo. Cuando murió en 1897, a la edad de 43 años, la comunidad católica negra en los Estados Unidos sintió profundamente su muerte.

A finales del siglo XIX los americanos negros empezaron a reunirse en convenciones y congresos. Daniel Rudd, editor de *American Catholic Tribune*, un periódico semanal establecido para dar a conocer más la Iglesia católica entre la comunidad negra, fue responsable de la organización del primer Congreso Católico Negro. Durante cinco congresos, entre 1889-1894, se trató sobre la fundación de escuelas católicas, incluyendo escuelas industriales, especialmente para niños negros, de la admisión de los negros en los sindicatos de trabajadores, de poner fin a viviendas inadecuadas, de profesar la fe en la Iglesia católica, y de promover la justicia social, la evangelización y la historia católica afroamericana. Lo interesante de estos Congresos es que fue un movimiento laico. Probablemente la primera organización nacional laica en la Iglesia.

Hubo muchos eventos entre el último Congreso Católico Negro en 1894 y la siguiente etapa de Congresos que empezó en 1987. Los años de 1960 fueron turbulentos en la Iglesia y en la sociedad. Las relaciones entre razas y el fuego del "Movimiento por el Poder y el Orgullo Negros" inició la llama para enfrentarse a las necesidades de la comunidad católica negra. Durante este tiempo surgió el *Caucus* Nacional del Clero Católico Negro, la Conferencia Nacional de Hermanas Negras, la Asociación Nacional de Seminaristas Negros y en 1970, por auto-determinación y con auto-confianza se creó la Oficina Nacional para los Católicos Negros (*NOBC*). NOBC estableció departamentos para educación, cultura y culto y el *Caucus* de Católicos Laicos Negros, ofreció programas y talleres dirigidos a las necesidades obvias, publicó un noticiero mensual y otro trimestral, también produjo una base de apoyo y se aseguró de respaldo financiero. Entre los más importantes bienhechores del NOBC fueron los Caballeros y las Damas de San Pedro Claver, la organización más grande de laicos afroamericanos. Por primera vez, los católicos

Ken A. Huth

eventually founded a school for girls from free Black families. Today, there are no Black orders for men, but there are orders that minister in the Black community.

The nineteenth century offered early opportunities for Blacks to establish themselves in the Roman Catholic Church. In the late 1800s three Healy brothers, sons of a slave holder and his slave, became priests. James A. Healy, ordained in Paris in 1854, was a priest of the diocese of Boston and would later be named Bishop of Portland, Maine in 1875; Alexander Sherwood Healy became a priest in 1858 and was also assigned to the diocese of Boston; and Patrick F. Healy, who joined the Jesuits, was educated at Louvain and ordained a priest in 1865. Fr. Patrick Healy later became president of Georgetown University, although he kept his Black identity a secret. Healy never identified with the Black Catholic community in his actions or his relations. The first recognized Black priest and one who identified completely with the Black Catholic community was Augustus Tolton, a former slave. Despite opposition, Fr. Tolton was ordained in Rome in 1886 and assigned to Alton, Ill. Fr. Tolton spent much of his time preaching, teaching, speaking, writing, and lending his presence to his people. When he died in 1897 at the age of 43, his loss was keenly felt by the Black Catholic community of the United States.

In the late nineteenth century, Black Americans began meeting in conventions and congresses. Daniel Rudd, publisher of the *American Catholic Tribune*, a weekly newspaper instituted to make the Catholic Church better known in the Black community, was responsible for organizing the first Black Catholic Congress. Five congresses, which took place between 1889 and 1894, addressed the establishment of Catholic schools, including industrial schools especially for Black children, the admittance of Blacks to labor unions, the end to poor housing, professions of faith by Black Catholics, social justice, evangelization, and African American Catholic history. What was interesting about these congresses

> *El desarrollo de estas organizaciones nacionales católicas negras, la evolución de los movimientos del poder y el orgullo negro, y la necesidad de incorporar la cultura y herencia negra en la Iglesia animó a la fundación de misiones con predicación al estilo de los negros, misas con música y coros típicos de su espiritualidad, la ordenación de sacerdotes, de obispos, la profesión de votos de religiosas y el desarrollo de muchas organizaciones para responder a las necesidades raciales y sociales de los católicos negros.*

negros hablaban como un organismo y con cierta autoridad en los foros que modelaban las esperanzas, las aspiraciones y las actividades de la comunidad negra en general. También durante este tiempo, se hizo la pregunta: **¿Puede uno ser auténticamente católico y a la vez auténticamente negro?** La respuesta fue ¡sí! El clero, los religiosos y religiosas y los laicos negros crearon organizaciones nacionales y patrocinaron conferencias regionales y diocesanas para tratar de temas sobre la justicia social. Otro modo de responder a las necesidades de los laicos fue la fundación de las Oficinas para el Ministerio Negro en los años de 1970 y en 1978 como respuesta al crecimiento de estas oficinas, se incorporó la Asociación Nacional de Administraciones Católicas Negras. El desarrollo de estas organizaciones nacionales católicas negras, la evolución de los movimientos del poder y el orgullo negro, y la necesidad de incorporar la cultura y herencia negra en la Iglesia animó a la fundación de misiones con predicación al estilo de los negros (*revivals*), misas con música y coros típicos de su espiritualidad (*gospel music*), la ordenación de sacerdotes, de obispos, la profesión de votos de religiosas y el desarrollo de muchas organizaciones para responder a las necesidades raciales y sociales de los católicos negros. Durante este tiempo hubo un crecimiento tremendo. El aumento de obispos católicos afroamericanos en los años de 1980 llevó a la creación de *What We Have Seen and Heard* (Lo que hemos visto y oído), una carta pastoral sobre la evangelización, y el himnario *Lead Me, Guide Me Hymnal* (Muéstrame el camino, guíame). A pesar de ese gran crecimiento todavía había la necesidad de continuar respondiendo a temas de justicia social dentro de la sociedad y de la Iglesia.

El siglo XX se prestó para repetir la historia y desarrollar un nuevo grupo de eventos históricos. Al continuar la tradición establecida por Daniel Rudd, el sexto y el séptimo Congresos Nacionales de Católicos Negros se llevaron a cabo en Washington, D.C. en 1987 y en Nueva Orleans, Louisiana, en 1992. La atención de estos congresos se fijó nuevamente en los mismos temas que se habían considerado 100 años antes. Los temas fueron historia y cultura afroamericana, desarrollo del liderazgo laico, desarrollo de la comunidad y la familia afroamericana. El Congreso de 1987 produjo el Plan Pastoral

was that they were a lay movement—probably the first national lay organization in the Church in the United States.

There were many occurrences between the last Black Catholic Congress in 1894 and the next phase of congresses, which began in 1987. The 1960s were a turbulent time in Church and in society. Race relations and the igniting of the "Black Power and Pride Movement" sparked a flame to address these issues within the Black Catholic community. During this time came the emergence of the National Black Catholic Clergy Caucus, the National Black Sisters' Conference, the National Black Seminarians Association, and in 1970, through self-determination and self-reliance, the National Office for Black Catholics (NOBC). NOBC established departments of education, culture, and worship, and the Black Catholic Lay Caucus; offered programs and workshops directed to evident needs; published a monthly and quarterly newsletter; produced a base of support; and secured financial backing. One of the major supporters of NOBC was the Knights and Ladies of St. Peter Claver, the largest organization of African American laity. For the first time, Black Catholics could speak as a body and with some authority in the forums shaping the hopes, aspirations, and activities of the larger Black community.

During this time, the question was raised—**Could one be authentically Catholic and authentically Black?** The answer is yes. Black clergy, religious, and laity created national organizations and sponsored regional and diocesan conferences that addressed social justice issues. Another avenue to address the needs of the laity was the founding of the Offices of Black Ministry in the 1970s, and in 1978, as a response to the growth of these offices, the National Association of Black Catholic Administrators was incorporated. The development of these national Black Catholic organizations, the evolution of the Black Power and Pride Movement, and the need to incorporate Black culture and heritage within the Church spurred the establishment of Black Catholic revivals, gospel Masses and choirs, the ordination of priests and bishops, the profession of vows of nuns, and the development of many organizations to address their racial and social needs. During this period there was tremendous growth. The increase in African American Catholic bishops in the 1980s led to the creation of *What We Have Seen and Heard*, a pastoral on evangelization, and the *Lead Me Guide Me Hymnal*. In spite of that growth, there was still a need to continue to address issues of social justice within society and the Church.

The twentieth century lent itself to repeating history and developing a new set of historical events. In continuing the tradition established by Daniel Rudd, the sixth and seventh National Black Catholic Congresses took place in Washington, D.C. in 1987 and in New Orleans in 1992. The focus of these congresses included some of the same issues that were addressed one hundred years earlier. The issues included African American history and culture, lay leadership development, community development, and the African American family. The 1987 congress produced the National Black Catholic Pastoral Plan, an implementation strategy for those working in the Black community. The document also addressed inculturation, the appointment of more Black leaders, and the calling of African Americans to take a more active role in articulating the concerns of Black

Nacional para los Católicos Negros, una estrategia de implementación para los que trabajan con las comunidades negras. El documento también habló de la inculturación, del nombramiento de más líderes negros, y el llamado a los afroamericanos a tomar una parte más activa cuando expresan las preocupaciones de los católicos negros. También, en 1987, se aprobó el Secretariado para los Católicos Afroamericanos.

En enero de 1988, se abrió el recientemente creado Secretariado para los Católicos Afroamericanos de la Conferencia Nacional de Obispos Católicos. El propósito de la oficina es "llenar un vacío en el reconocimiento de la iglesia de los católicos negros y asegurar una voz negra en los ámbitos más altos de la Iglesia". La atención principal del Secretariado ha sido incorporar a los católicos afroamericanos mostrando su cultura, erudición y los recursos que ellos han desarrollado en la vida de la Iglesia. En 1989 los obispos de los Estados Unidos aprobaron el Plan Pastoral Nacional para los Católicos Negros con su propio documento, *Here I Am; Send Me: A Conference Response to the Evangelization of African Americans and the National Black Catholic Pastoral Plan* [Aquí estoy, envíame: Respuesta de la Conferencia a la evangelización de los Afroamericanos y el Plan Pastoral Nacional para los Católicos Negros]. Este documento afirmó la diversidad en toda la iglesia institucional y llamó la atención a ocasiones en que se ha juzgado y actuado con racismo en la sociedad y en la Iglesia.

Al acercarnos al tercer milenio, debemos reconocer que los católicos negros han contribuido mucho a la Iglesia Católica Romana. Han sufrido muchas humillaciones, sin embargo, su fe nunca ha flaqueado. Como un tributo a esa fe, se ha establecido una campaña para la construcción de la *"Capilla de Nuestra Madre de Africa"*, dedicada por los afroamericanos en la Basílica Nacional de la Inmaculada Concepción. La campaña para dicha capilla también establece una bolsa con fondos y programas de pastoral vocacional; evangelización parroquial; ministerios a los laicos, a la juventud y a la familia; educación religiosa, y peregrinaciones a la Capilla para enriquecer la vida de la Iglesia y de la comunidad afroamericana. En 1997, la ciudad de Baltimore, Maryland, hospedará el VIII Congreso. Hay ahora setenta y una oficinas de ministerio negro.

Los 2,300,000 católicos afroamericanos tienen una historia rica como también un rico legado y cultura en la Iglesia Católica Romana.

REFERENCIAS

Edición especial the Black Catholic Community en *U.S. Catholic Historian* 7 (2,3), 1988.
Edición especial the Black Catholic Experience en *U.S. Catholic Historian* 5 (1), 1986.
G.I.A. Publications, Inc. *Lead Me Guide Me Hymnal*. Chicago: G.I.A. Publications, Inc., 1987.
National Black Catholic Congress. *The African American Family* (paquete de información para el Congreso de 1992). Washington, D.C.: National Black Catholic Congress, 1992.
———. *Our Mother of Africa Chapel* (folleto). Baltimore: National Black Catholic Congress, 1994.

Catholics. Also, in 1987, the idea of a Secretariat for African American Catholics was endorsed.

In January 1988, the Secretariat for African American Catholics of the National Conference of Catholic Bishops was opened. The purpose of the office is to "fill a void in the Church's recognition of Black Catholics and ensure a Black voice at the highest level of the Church." The focus of the Secretariat has been to mainstream African American Catholics by showcasing the culture, scholarship, and resources developed by African American Catholics within the life of the Church. In 1989 the U.S. bishops endorsed the National Black Catholic Pastoral Plan with its own document, *Here I Am, Send Me: A Conference Response to the Evangelization of African Americans and the National Black Catholic Pastoral Plan.* This document affirmed diversity throughout the institutional Church and called attention to instances of racism in society as well as in the Church.

As we approach the third millennium, we must acknowledge that Black Catholics have made numerous contributions to the Roman Catholic Church. They have suffered many indignities; however, their faith has never wavered. As a tribute to that faith, a campaign has been established for the construction of a chapel, "Our Mother of Africa Chapel," dedicated by African Americans at the Basilica of the National Shrine of the Immaculate Conception. The Our Mother of Africa Chapel campaign also includes the establishment of an endowment fund and programs in vocations; parish evangelization; lay, youth, and family life ministry; religious education; and chapel pilgrimages to enrich the life of the Church and the African American community. In 1997 Baltimore will be the host site for Congress VIII. There are now seventy-one offices of Black Ministry.

The 2.3 million African American Catholics have a rich history, legacy, and culture within the Roman Catholic Church.

RESOURCES

G.I.A. Publications, Inc. *Lead Me Guide Me Hymnal.* Chicago: G.I.A. Publications, Inc., 1987.

National Black Catholic Congress. *The African American Family* (1992 Congress Information packet). Washington, D.C.: National Black Catholic Congress, 1992.

———. *Our Mother of Africa Chapel* (brochure). Baltimore: National Black Catholic Congress, 1994.

Special Issue on the Black Catholic Community in *U.S. Catholic Historian* 7 (2, 3), 1988.

Special Issue on the Black Catholic Experience in *U.S. Catholic Historian* 5 (1), 1986.

APÉNDICE B

DIÓCESIS POR NÚMERO DE PERSONAS HISPANAS Y NEGRAS, 1990

APPENDIX B

DIOCESES BY NUMBER OF BLACK AND HISPANIC PEOPLE, 1990

Los gráficos del apéndice B fueron recopilados por la doctora Ruth Doyle y contienen datos de 1990, de la Oficina de Investigación y Planificación Pastoral de la Arquidiócesis de Nueva York.

DIÓCESIS POR NÚMERO DE PERSONAS HISPANAS Y NEGRAS, 1990

Hispanos	Negros 1,000,000 Y MAS	500,000-999,999	400,000-499,999	200,000-399,999	100,000-199,999	50,000-99,999	10,000-49,999	MENOS DE 10,000	TOTAL
1,000,000 Y MAS		3							3
500,000-999,999	2	1			2	2	1	1	9
400,000-499,999							2		2
200,000-399,999		1	1	1	4	3	4		14
100,000-199,999		2		2	5	2	2	2	15
50,000-99,999		3	2	1	5	4	7	3	25
10,000-49,999	1	5	1	5	13	11	12	7	55
MENOS DE 10,000		1	1	1	5	6	13	24	51
TOTAL	3	16	5	10	34	28	41	37	174

Grupo A — El Grupo A representa el número de diócesis con el mayor número de hispanos y mayor población de negros. Estas diócesis tienen más de medio millón de hispanos y más de medio millón de personas de raza negra. Por ejemplo, existen tres diócesis con más de medio millón de personas de raza negra y con más de un millón de hispanos.

Grupo B — El Grupo B representa el número de diócesis con 100,000 a 499,000 hispanos y con 100,000 a 499,000 personas de raza negra.

Grupo C — El Grupo C representa el número de diócesis con 10,000 a 99,999 hispanos y con 10,000 a 99,999 personas de raza negra.

Grupo D — El Grupo D representa otras diócesis que tienen una población considerable de hispanos y de personas de raza negra.

The tables in Appendix B were compiled by Dr. Ruth Doyle and contain 1990 data from the Office of Pastoral Research and Planning of the Archdiocese of New York.

DIOCESES BY NUMBER OF BLACK AND HISPANIC PEOPLE, 1990

Hispanics	Blacks 1,000,000 AND OVER	500,000-999,999	400,000-499,999	200,000-399,999	100,000-199,999	50,000-99,999	10,000-49,999	UNDER 10,000	TOTAL
1,000,000 AND OVER		3							3
500,000-999,999	2	1			2	2	1	1	9
400,000-499,999							2		2
200,000-399,999		1	1	1	4	3	4		14
100,000-199,999		2		2	5	2	2	2	15
50,000-99,999		3	2	1	5	4	7	3	25
10,000-49,999	1	5	1	5	13	11	12	7	55
UNDER 10,000		1	1	1	5	6	13	24	51
TOTAL	3	16	5	10	34	28	41	37	174

Group A — Group A represents the number of dioceses with the largest number of both Hispanics and Blacks. These dioceses have more than half a million Hispanic and half a million Black persons. For example, there are three dioceses with half a million or more Black persons and also more than one million Hispanic persons.

Group B — In addition to Group A, Group B represents dioceses with 100,000 or more Hispanics and Blacks.

Group C — In addition to Groups A and B, Group C represents dioceses with 10,000 or more Hispanics and Blacks.

Group D — Group D represents other dioceses with a significant number of Hispanic and Black populations.

GRUPO A: DIÓCESIS CON UN NÚMERO DE HISPANOS Y NEGROS MAYOR DE 500,000

REGIÓN DEL CENSO	NOMBRE DE LA DIÓCESIS	HISPANOS	NEGROS
Atlántico Medio	Brooklyn	843,531	1,188,644
	New York	1,089,010	851,887
Central Noreste	Chicago	732,764	1,334,932
Atlántico Sur	Miami	1,071,426	560,187
Central Suroeste	Galveston-Houston	782,054	671,382
Pacífico	Los Angeles	3,626,393	958,714

GRUPO B: ADEMÁS DEL GRUPO A, DIÓCESIS CON 100,000 O MÁS HISPANOS Y NEGROS

REGIÓN DEL CENSO	NOMBRE DE LA DIÓCESIS	HISPANOS	NEGROS
Nueva Inglaterra	Boston	186,652	213,149
	Hartford	124,485	162,380
Atlántico Medio	Newark	398,815	502,901
	Philadelphia	121,008	760,908
	Rockville Centre	165,238	182,618
Atlántico Sur	Arlington	106,505	190,890
	Orlando	151,046	290,127
	St. Petersburg	140,950	183,442
	Washington	121,814	886,562
Central Suroeste	Austin	271,655	196,039
	Dallas	358,918	411,741
	Fort Worth	205,781	174,252
Pacífico	Oakland	273,087	295,672
	Sacramento	283,419	153,949
	San Bernardino	686,096	169,128
	San Diego	582,716	152,170
	San Francisco	233,274	117,872
	Seattle	109,810	134,685

GROUP A: DIOCESES WITH HISPANICS AND BLACKS OF 500,000 OR MORE

CENSUS BUREAU REGION	DIOCESE NAME	HISPANICS	BLACKS
Middle Atlantic	Brooklyn	843,531	1,188,644
	New York	1,089,010	851,887
East North Central	Chicago	732,764	1,334,932
South Atlantic	Miami	1,071,426	560,187
West South Central	Galveston-Houston	782,054	671,382
Pacific	Los Angeles	3,626,393	958,714

GROUP B: IN ADDITION TO GROUP A, DIOCESES WITH 100,000 OR MORE HISPANICS AND BLACKS

CENSUS BUREAU REGION	DIOCESE NAME	HISPANICS	BLACKS
New England	Boston	186,652	213,149
	Hartford	124,485	162,380
Middle Atlantic	Newark	398,815	502,901
	Philadelphia	121,008	760,908
	Rockville Centre	165,238	182,618
South Atlantic	Arlington	106,505	190,890
	Orlando	151,046	290,127
	St. Petersburg	140,950	183,442
	Washington	121,814	886,562
West South Central	Austin	271,655	196,039
	Dallas	358,918	411,741
	Fort Worth	205,781	174,252
Pacific	Oakland	273,087	295,672
	Sacramento	283,419	153,949
	San Bernardino	686,096	169,128
	San Diego	582,716	152,170
	San Francisco	233,274	117,872
	Seattle	109,810	134,685

GRUPO C: ADEMÁS DE LOS GRUPOS A Y B, DIÓCESIS CON 10,000 Ó MÁS HISPANOS Y NEGROS

REGIÓN DEL CENSO	NOMBRE DE LA DIÓCESIS	HISPANOS	NEGROS
Nueva Inglaterra	Bridgeport	70,818	77,472
	Fall River	16,036	10,393
	Norwich	17,813	20,988
	Providence	45,752	34,283
	Springfield (Mass.)	51,921	37,444
	Worcester	32,940	13,478
Atlántico Medio	Albany	21,225	46,346
	Allentown	44,952	21,207
	Buffalo	31,733	128,999
	Camden	77,909	171,981
	Harrisburg	35,280	63,573
	Metuchen	73,479	67,495
	Paterson	120,817	70,868
	Pittsburgh	12,170	169,829
	Rochester	36,612	101,530
	Syracuse	18,131	55,647
	Trenton	68,841	171,600
Central Noreste	Cincinnati	17,094	327,567
	Cleveland	52,819	437,062
	Columbus	14,026	179,794
	Detroit	84,242	938,161
	Fort Wayne-South Bend	19,343	61,852
	Gary	50,327	125,380
	Grand Rapids	31,667	68,555
	Indianapolis	16,395	195,233
	Joliet	59,780	67,589
	Kalamazoo	16,551	70,741
	Lafayette (Ind.)	10,552	31,793
	Lansing	41,811	159,904
	Milwaukee	71,453	219,349
	Peoria	27,385	75,367
	Rockford	69,007	48,699
	Saginaw	22,758	39,744
	Toledo	40,869	102,881
	Youngstown	12,896	87,616
Central Noroeste	Davenport	12,062	14,293
	Kansas City (Kans.)	34,597	77,333
	Kansas City-St. Joseph	28,589	147,868
	Omaha	17,542	50,958
	St. Louis	19,649	335,907
	St. Paul-Minneapolis	37,963	88,141
	Wichita	28,050	44,648

GROUP C: IN ADDITION TO GROUPS A AND B, DIOCESES WITH 10,000 OR MORE HISPANICS AND BLACKS

CENSUS BUREAU REGION	DIOCESE NAME	HISPANICS	BLACKS
New England	Bridgeport	70,818	77,472
	Fall River	16,036	10,393
	Norwich	17,813	20,988
	Providence	45,752	34,283
	Springfield (Mass.)	51,921	37,444
	Worcester	32,940	13,478
Middle Atlantic	Albany	21,225	46,346
	Allentown	44,952	21,207
	Buffalo	31,733	128,999
	Camden	77,909	171,981
	Harrisburg	35,280	63,573
	Metuchen	73,479	67,495
	Paterson	120,817	70,868
	Pittsburgh	12,170	169,829
	Rochester	36,612	101,530
	Syracuse	18,131	55,647
	Trenton	68,841	171,600
East North Central	Cincinnati	17,094	327,567
	Cleveland	52,819	437,062
	Columbus	14,026	179,794
	Detroit	84,242	938,161
	Fort Wayne-South Bend	19,343	61,852
	Gary	50,327	125,380
	Grand Rapids	31,667	68,555
	Indianapolis	16,395	195,233
	Joliet	59,780	67,589
	Kalamazoo	16,551	70,741
	Lafayette (Ind.)	10,552	31,793
	Lansing	41,811	159,904
	Milwaukee	71,453	219,349
	Peoria	27,385	75,367
	Rockford	69,007	48,699
	Saginaw	22,758	39,744
	Toledo	40,869	102,881
	Youngstown	12,896	87,616
West North Central	Davenport	12,062	14,293
	Kansas City (Kans.)	34,597	77,333
	Kansas City-St. Joseph	28,589	147,868
	Omaha	17,542	50,958
	St. Louis	19,649	335,907
	St. Paul-Minneapolis	37,963	88,141
	Wichita	28,050	44,648

GRUPO C: CONTINÚA			
REGIÓN DEL CENSO	**NOMBRE DE LA DIÓCESIS**	**HISPANOS**	**NEGROS**
Atlántico Sur	Atlanta	72,810	938,694
	Baltimore	33,018	624,845
	Charleston (S.C.)	30,551	1,035,947
	Charlotte	26,974	529,213
	Palm Beach	83,490	142,823
	Pensacola-Tallahassee	21,167	190,153
	Raleigh	49,752	919,929
	Richmond	53,783	962,243
	St. Augustine	35,460	258,901
	Savannah	36,112	798,471
	Venice	70,604	75,470
	Wilmington	18,800	172,640
Central Sureste	Birmingham	13,695	539,603
	Mobile	10,934	478,110
	Nashville	13,779	199,362
Central Suroeste	Amarillo	64,786	13,486
	Baton Rouge	10,081	242,803
	Beaumont	18,970	101,225
	Corpus Christi	406,789	15,639
	El Paso	445,423	21,548
	Little Rock	19,876	372,762
	Lubbock	124,164	25,554
	New Orleans	54,055	445,924
	Oklahoma City	63,454	142,419
	San Angelo	158,849	29,881
	San Antonio	793,037	89,722
	Tulsa	22,706	89,043
	Tyler	48,114	198,772
	Victoria	67,071	25,952
Montañosa	Colorado Springs	40,382	28,319
	Denver	277,668	95,668
	Phoenix	367,012	72,778
	Reno-Las Vegas	124,419	76,503
	Salt Lake City	84,597	10,868
	Santa Fe	375,293	17,345
	Tucson	313,075	31,266
Pacífico	Anchorage	12,705	15,500
	Fresno	634,813	82,588
	Honolulu	81,390	25,916
	Monterey	212,090	28,328
	Orange	564,828	39,159
	Portland (Oregon)	89,774	43,857
	San Jose	314,564	52,583
	Stockton	200,210	32,655
Total = 110 Diócesis			

	GROUP C: CONTINUED		
CENSUS BUREAU REGION	**DIOCESE NAME**	**HISPANICS**	**BLACKS**
South Atlantic	Atlanta	72,810	938,694
	Baltimore	33,018	624,845
	Charleston (S.C.)	30,551	1,035,947
	Charlotte	26,974	529,213
	Palm Beach	83,490	142,823
	Pensacola-Tallahassee	21,167	190,153
	Raleigh	49,752	919,929
	Richmond	53,783	962,243
	St. Augustine	35,460	258,901
	Savannah	36,112	798,471
	Venice	70,604	75,470
	Wilmington	18,800	172,640
East South Central	Birmingham	13,695	539,603
	Mobile	10,934	478,110
	Nashville	13,779	199,362
West South Central	Amarillo	64,786	13,486
	Baton Rouge	10,081	242,803
	Beaumont	18,970	101,225
	Corpus Christi	406,789	15,639
	El Paso	445,423	21,548
	Little Rock	19,876	372,762
	Lubbock	124,164	25,554
	New Orleans	54,055	445,924
	Oklahoma City	63,454	142,419
	San Angelo	158,849	29,881
	San Antonio	793,037	89,722
	Tulsa	22,706	89,043
	Tyler	48,114	198,772
	Victoria	67,071	25,952
Mountain	Colorado Springs	40,382	28,319
	Denver	277,668	95,668
	Phoenix	367,012	72,778
	Reno-Las Vegas	124,419	76,503
	Salt Lake City	84,597	10,868
	Santa Fe	375,293	17,345
	Tucson	313,075	31,266
Pacific	Anchorage	12,705	15,500
	Fresno	634,813	82,588
	Honolulu	81,390	25,916
	Monterey	212,090	28,328
	Orange	564,828	39,159
	Portland (Oregon)	89,774	43,857
	San Jose	314,564	52,583
	Stockton	200,210	32,655
Grand Total = 110 Dioceses			

GRUPO D: OTRAS DIÓCESIS CON UNA POBLACIÓN IMPORTANTE DE HISPANOS Y NEGROS

REGIÓN DEL CENSO	NOMBRE DE LA DIÓCESIS	HISPANOS	NEGROS
Nueva Inglaterra	Burlington	3,661	1,868
	Manchester	11,333	6,749
	Portland (Maine)	6,829	4,937
Atlántico Medio	Altoona-Johnstown	3,432	9,929
	Erie	5,569	22,427
	Greensburg	2,345	13,663
	Ogdensburg	8,546	13,455
	Scranton	7,506	10,923
Central Noreste	Belleville	8,090	95,667
	Evansville	2,171	14,354
	Gaylord	2,904	1,610
	Green Bay	5,971	2,327
	La Crosse	4,357	1,924
	Madison	9,928	17,535
	Marquette	1,663	4,029
	Springfield, Ill.	7,420	51,449
	Steubenville	1,992	12,520
	Superior	1,485	562
Central Noroeste	Bismarck	1,802	1,542
	Crookston	3,105	363
	Des Moines	9,071	15,429
	Dodge City	23,165	2,741
	Dubuque	7,144	14,657
	Duluth	2,076	1,683
	Fargo	2,863	1,909
	Grand Island	13,246	590
	Jefferson City	6,579	32,881
	Lincoln	6,181	5,163
	New Ulm	3,207	347
	Rapid City	3,459	1,904
	St. Cloud	1,803	996
	Salina	7,858	16,039
	Sioux City	4,370	3,114
	Sioux Falls	1,793	1,272
	Springfield-Cape Girardeau	6,885	28,871
	Winona	5,730	1,510
Atlántico Sur	Wheeling-Charleston	8,489	55,986
Central Sureste	Biloxi	6,339	150,630
	Covington	1,665	7,905

GROUP D: OTHER DIOCESES WITH A SIGNIFICANT NUMBER OF HISPANIC AND BLACK POPULATIONS

CENSUS BUREAU REGION	DIOCESE NAME	HISPANICS	BLACKS
New England	Burlington	3,661	1,868
	Manchester	11,333	6,749
	Portland (Maine)	6,829	4,937
Middle Atlantic	Altoona-Johnstown	3,432	9,929
	Erie	5,569	22,427
	Greensburg	2,345	13,663
	Ogdensburg	8,546	13,455
	Scranton	7,506	10,923
East North Central	Belleville	8,090	95,667
	Evansville	2,171	14,354
	Gaylord	2,904	1,610
	Green Bay	5,971	2,327
	La Crosse	4,357	1,924
	Madison	9,928	17,535
	Marquette	1,663	4,029
	Springfield, Ill.	7,420	51,449
	Steubenville	1,992	12,520
	Superior	1,485	562
West North Central	Bismarck	1,802	1,542
	Crookston	3,105	363
	Des Moines	9,071	15,429
	Dodge City	23,165	2,741
	Dubuque	7,144	14,657
	Duluth	2,076	1,683
	Fargo	2,863	1,909
	Grand Island	13,246	590
	Jefferson City	6,579	32,881
	Lincoln	6,181	5,163
	New Ulm	3,207	347
	Rapid City	3,459	1,904
	St. Cloud	1,803	996
	Salina	7,858	16,039
	Sioux City	4,370	3,114
	Sioux Falls	1,793	1,272
	Springfield-Cape Girardeau	6,885	28,871
	Winona	5,730	1,510
South Atlantic	Wheeling-Charleston	8,489	55,986
East South Central	Biloxi	6,339	150,630
	Covington	1,665	7,905

GRUPO D: CONTINÚA			
REGIÓN DEL CENSO	**NOMBRE DE LA DIÓCESIS**	**HISPANOS**	**NEGROS**
	Jackson	9,592	761,261
	Knoxville	9,252	112,278
	Lexington	5,749	51,151
	Louisville	9,436	145,175
	Memphis	9,710	463,285
	Owensboro	5,134	57,129
Central Suroeste	Alexandria-Shreveport	7,027	112,398
	Brownsville	594,294	1,167
	Houma-Thibodaux	2,625	26,607
	Lafayette (La.)	7,436	147,221
	Lake Charles	3,279	53,423
	Shreveport	8,541	263,094
Montañosa	Boise	52,927	3,211
	Cheyenne	25,751	3,426
	Gallup	36,861	1,635
	Great Falls-Billings	6,694	1,679
	Helena	5,480	563
	Las Cruces	175,321	9,427
	Pueblo	106,252	4,070
Pacífico	Baker	22,933	1,125
	Fairbanks	3,521	5,899
	Juneau	1,577	400
	Santa Rosa	76,448	9,628
	Spokane	32,476	7,620
	Yakima	72,284	3,695

Total = 64 Diócesis

GROUP D: CONTINUED

CENSUS BUREAU REGION	DIOCESE NAME	HISPANICS	BLACKS
	Jackson	9,592	761,261
	Knoxville	9,252	112,278
	Lexington	5,749	51,151
	Louisville	9,436	145,175
	Memphis	9,710	463,285
West South Central	Owensboro	5,134	57,129
	Alexandria-Shreveport	7,027	112,398
	Brownsville	594,294	1,167
	Houma-Thibodaux	2,625	26,607
	Lafayette (La.)	7,436	147,221
	Lake Charles	3,279	53,423
	Shreveport	8,541	263,094
Mountain	Boise	52,927	3,211
	Cheyenne	25,751	3,426
	Gallup	36,861	1,635
	Great Falls-Billings	6,694	1,679
	Helena	5,480	563
	Las Cruces	175,321	9,427
	Pueblo	106,252	4,070
Pacific	Baker	22,933	1,125
	Fairbanks	3,521	5,899
	Juneau	1,577	400
	Santa Rosa	76,448	9,628
	Spokane	32,476	7,620
	Yakima	72,284	3,695

Grand Total = 64 Dioceses

APÉNDICE C

BIBLIOGRAFÍA

APPENDIX C

BIBLIOGRAPHY

African American

Asante, Malife K., et al. *Historical and Cultural Atlas of African Americans*. New York: MacMillan Publishing Company, 1992.

Bennett Jr., Lerone. *Before the Mayflower: A History of Black America*, 6th ed. New York: Penguin Books, 1993.

Davis, Rev. Cyprian, OSB. "Black Spirituality: A Catholic Perspective" in *One Lord, One Faith, One Baptism*. New York: Archdiocese of New York, 1988.

————. *The History of Black Catholics in the United States*. New York: Crossroads, 1990.

Franklin, John Hope, et al. *From Slavery to Freedom*, 7th ed. New York: McGraw Hill, 1970.

Guerin, Montilus. *Dompim: The Spirituality of African Peoples*. Nashville, Tenn.: Winston-Derek Publishers, 1989.

Hyman, Mark. *Blacks Who Died for Jesus: A History Book*. Nashville, Tenn.: Winston-Derek Publishers, 1988.

Mueller, J. J. *Valuing Our Differences: The History of African-American Catholics in the United States*. Dubuque, Iowa: Brown-Roa, 1993.

National Black Catholic Congress. *The African American Family* (1992 Congress Information packet). Washington, D.C.: National Black Catholic Congress, 1992.

————. *Our Mother of Africa Chapel* (brochure). Baltimore: National Black Catholic Congress, 1994.

————. *Rise Up and Re-Build*. Baltimore: National Black Catholic Congress, 1992.

National Catholic Educational Association. *Rise and Shine*. Washington, D.C.: National Catholic Educational Association, 1996.

National Conference of Catholic Bishops. *Brothers and Sisters to Us, U.S. Bishops' Pastoral Letter on Racism in Our Day*. Washington, D.C.: United States Catholic Conference, 1979.

————. *Here I Am, Send Me: A Conference Response to the Evangelization of African Americans and The National Black Catholic Pastoral Plan*. Washington, D.C.: United States Catholic Conference, 1989.

————. *Plenty Good Room*. Washington, D.C.: United States Catholic Conference, 1990.

National Conference of Catholic Bishops' Committee on African American Catholics. *For Love of One Another*. Washington, D.C.: United States Catholic Conference, 1989.

————. *God Bless Them Who Have Their Own; African American Camp Meetin': A Gathering to Chart a New Course*. Washington, D.C.: United States Catholic Conference, 1995.

————. *What We Have Seen and Heard: Pastoral Letter on Evangelization from the Black Bishops of the U.S.* Cincinnati: St. Anthony Messenger Press, 1984.

Ochs, Stephen J. *Desegregating the Altar*. Baton Rouge, La.: Louisiana State University Press, 1990.

Our Roots and Gifts, Evangelization and Culture—African American Perspectives. Proceedings of the "Rejoice" Seminar. Rome: 1989.

Rogers, J. A. *World's Great Men of Color (Vols. 1 and II)*. New York: J. A. Rogers, 1947.

Salley, Columbus. *What Color is Your God: Black Consciousness and the Christian Faith*. Secaucus, N.J.: Carol Publishing Group, 1990.

Special Issue on the Black Catholic Community, in *U.S. Catholic Historian* 7 (2, 3), 1988.

Special Issue on the Black Catholic Experience, in *U.S. Catholic Historian* 5 (1), 1986.

U.S. Census Bureau, Department of Commerce. *The Black Population in the United States: March 1994*. Current Population Reports, P20-480. Washington, D.C.: U.S. Government Printing Office, 1995.

West, Cornel. *Prophetic Fragments: Illuminations of the Crisis in American Religion and Culture*. Grand Rapids, Mich.: Erdsmans, 1988.

Hispanic

Caponnetto, Antonio. *The Black Legends and Catholic Hispanic Culture: Liberation Theology and the History of the New World*. St. Louis, Mo.: Catholic Central Verein of America, 1991.

CELAM. *Santo Domingo: Nueva Evangelización, Promoción Humana, Cultura Cristiana*. Columbia, S.A.: Ediciones Paulinas, FSP-SAL, 1992.

Cervantes, Carmen Maria, et al., ed. *Evangelization of Hispanic Youth, Volume 1 and 2*. St. Mary's Press, 1994.

Deck, Allan Figueroa, ed., et al. *Perspectivas—Hispanic Ministry*. New York: Sheed and Ward, 1995.

————. *The Second Wave: Hispanic Ministry and the Evangelization of Cultures*. New York: Paulist Press, 1989.

Dolan, Jay P., ed. *Hispanic Catholic Culture in the U.S.: Issues and Concerns*. Notre Dame, Ind.: University of Notre Dame Press, 1994.

Doyle, Ruth T. and Olga Scarpetta. *Hispanics in New York: Religious, Cultural and Social Experiences*, 2nd ed. New York: Archdiocese of New York, 1989.

Fitzpatrick, Joseph P. *Puerto Rican Americans: The Meaning of Migration to the Mainland*. Englewood Cliffs, N.J.: Prentice-Hall Inc., 1987.

González, Roberto O. and Michael La Velle. *The Hispanic Catholic in the U.S.: A Socio-Cultural and Religious Profile*. New York: Northeast Catholic Pastoral Center for Hispanics, Inc., 1985.

Hayes-Bautista, David. *No Longer a Minority: Latinos and Social Policy in California*. Los Angeles: University of California Chicano Studies Research Center, 1992.

Martinez, Luis M. *La Caridad*. Mexico City, Mexico: Editorial La Cruz, 1977.

National Conference of Catholic Bishops. *Conclusiones: Primer Encuentro Nacional Hispano de Pastoral*. Washington, D.C.: United States Catholic Conference, 1972.

————. *Hispanic Ministry: Three Major Documents* (*La Presencia Hispana: Esperanza y Compromiso* [1983], *Plan Pastoral Nacional para el Ministerio Hispano* [1987], *Voces Proféticas: El Documento del Proceso del III Encuentro Nacional Hispano de Pastoral* [1986]), edición bilingüe. Washington, D.C.: United States Catholic Conference, 1995.

————. *Strangers and Aliens No Longer, Part One*. Washington, D.C.: United States Catholic Conference, 1993.

Perez, Arturo, ed. *Popular Catholicism: A Hispanic Perspective*. Washington, D.C.: The Pastoral Press, 1988.

U.S. Census Bureau, Department of Commerce. *Hispanic Americans Today*. Current Population Reports, P23-183. Washington, D.C.: U.S. Government Printing Office, 1993.

————. *The Hispanic Population in the United States: March 1993*. Current Population Reports, P20-475. Washington, D.C.: U.S. Government Printing Office, 1994.

————. *The Hispanic Population in the United States: March 1994*. Current Population Reports, PPL-26. Washington, D.C.: U.S. Government Printing Office, 1995.

General

Abbott, Walter M., SJ, ed. *Documents of Vatican II*. New York: Crossroad Publishing Co., 1966.

Archdiocese of Washington. *Combating Racism (A Handbook for Catholic Actions in the Diocese of Washington)*. Washington, D.C.: Office of Black Catholics, Archdiocese of Washington, 1991.

Cenkner, William, ed. *The Multicultural Church: A New Landscape in U.S. Theologies*. New York: Paulist Press, 1996.

Chupungco, Anscar J., OSB. *Liturgical Inculturation: Sacramentals, Religiosity, and Catechesis*. Collegeville, Minn.: The Liturgical Press, 1992.

Fitzpatrick, Joseph P., SJ. *One Church, Many Cultures: Challenge of Diversity*. Kansas City, Mo.: Sheed and Ward, 1987.

Fyfe, Alec, ed. *Education for Cultural Diversity: The Challenge for A New Era*. New York: Routledge, 1993.

Ginori, Oretta, RSCJ, et al., eds. "Inculturation—Not One Way," in *Connections: Toward a Global Consciousness*, 3 (1993).

Isaacs, David. *Character Building: A Guide for Parents and Teachers*. Dublin: Four Courts Press, 1982.

John Paul II. *The Gospel of Life (Evangelium Vitae)*. Washington, D.C.: United States Catholic Conference, 1995.

————. *On the Coming of the Third Millennium (Tertio Millennio Adveniente)*. Washington, D.C.: United States Catholic Conference, 1994.

Kornblum, William. *Sociology in a Changing World*, 4th ed. Ft. Worth, Tex.: Harcourt Brace College, 1977.

Lubick, Chiara. *Unity and Jesus Forsaken*. New York: New City Press, 1985.

————. *The Word of Life*. New York: New City Press, 1981.

Luzbetak, Louis J., SVD. *The Church and Cultures*. New York: Orbis Books, 1991.

Mother Teresa. *Suffering into Joy*. Ann Arbor, Mich.: Charis Books, Servant Publications, 1994.

Pontifical Commission Justitia et Pax. *The Church & Racism*. Vatican City: Pontifical Commission Justitia et Pax, 1988.

Rutstein, Nathan. *Healing Racism in America: A Prescription for the Disease*. Springfield, Mass.: Witcomb Publishing, 1993.

Shorter, Aylward. *Toward a Theology of Inculturation*. New York: Orbis Books, 1994.

U.S. Census Bureau, Department of Commerce. *Households and Family Characteristics: March 1992*. Current Population Reports, P20-467. Washington, D.C.: U.S. Government Printing Office, 1993.

————. *Poverty in the United States: March 1992*. Current Population Reports, P60-186. Washington, D.C.: U.S. Government Printing Office, 1993.

————. *Statistical Abstract of the United States: 1992*. Washington, D.C.: U.S. Government Printing Office, 1992.

United States Catholic Conference. *Cultural Pluralism in the U.S.* Washington, D.C.: United States Catholic Conference, 1980.

————. *Make Room for the Mystery of God—Visit of Pope John Paul II*. Washington, D.C.: United States Catholic Conference, 1995.